Spra

MW01616252

Zwei Katzen in Köln

Claudia Peter
Nina Wagner

© Circon Verlag GmbH
Baierbrunner Straße 27, 81379 München
Ausgabe 2023
7. Auflage

Redaktion: Felicitas Szameit
Fachredaktion: Manuela Tiller
Produktion: Ute Hausleiter
Titelabbildungen: shutterstock.com/grop (Skyline Köln),
Margaret Jone Wollman (Katzen)
Gestaltung: red.sign GbR, Stuttgart
Umschlaggestaltung: red.sign GbR, Stuttgart

ISBN 978-3-8174-2165-7
381742165/7

Besuchen Sie uns auf Instagram und Facebook: circonverlag

www.circonverlag.de

Lesen und Lernen
mit den Sprachwelten

So abwechslungsreich war Deutschlernen noch nie! Die Sprachwelten kombinieren unterhaltsames Lesen mit dem bewährten didaktischen Konzept der Reihe Lernkrimi. Die vier Kurzgeschichten sind von **DaF-Dozenten** verfasst und genau auf Ihr **Lernniveau** abgestimmt – perfekt für den Unterricht oder ganz individuelles Lernen.

Wörter, die noch unbekannt sind, werden direkt auf der Seite übersetzt, so ist kein zusätzliches Nachschlagen erforderlich. Das **alphabetische Glossar** am Ende des Buches bietet eine Übersicht aller **Vokabeln** mit ihren Übersetzungen.

Jede Kurzgeschichte enthält abwechslungsreiche, auf den Text bezogene **Übungen** zu Wortschatz, Grammatik und Textverständnis, die zum aktiven Lernen motivieren. Überprüfen Sie Ihren Lernerfolg einfach im **Abschlusstest**. Im Anhang finden Sie alle **Lösungen**.

Ergänzend zu jeder Kurzgeschichte verweisen **Infokästen** auf sprachliche und landeskundliche Besonderheiten.

Inhalt

Zwei Katzen in Köln

Claudia Peter

Inhalt

Fiona und Kim sind Katzen. Sie sind jung, leben in Köln und sie sind Schwestern. Heute treffen sie Vögel, Hunde, Menschen, Mäuse und eine Ratte. Nicht alle Situationen sind einfach. Am Abend passiert dann etwas, was niemand erwartet.

Personen

Fiona ist eine Katze und total schwarz. Sie ist Kims Schwester.

Kim ist auch eine Katze und auch total schwarz. Sie ist Fionas Schwester.

Schauplatz

Köln liegt im Westen von Deutschland. Die Stadt hat über eine Million Einwohner und liegt direkt am Rhein. In der Innenstadt steht der 157 Meter hohe Dom – das Wahrzeichen der über 2000 Jahre alten Stadt.

In Köln wohnen über eine Million Menschen. Fiona und Kim leben auch hier. Sie sind schwarz: von Kopf bis Fuß, von Ohren bis Schwanz. Fiona und Kim sind Schwestern. Und sie sind Katzen. Sie sind auf Straßen und Plätzen, in Parks, am Fluss, in der Fußgängerzone, am Dom ... Fiona und Kim sind gern in der Stadt. Hier kann man gut leben, finden sie. Und Fiona und Kim müssen es wissen. Sie sind in Köln geboren.

Es ist Montag, zwei Uhr mittags. Für Februar ist es warm. Der Himmel ist blau. Die Sonne scheint. Köln ist voller Menschen. Viele Einwohner, Besucher und Touristen sind in der **Innenstadt**. Fiona und Kim auch. Die Katzen haben Hunger. Sie sitzen auf den Treppen am

Innenstadt *f*	Stadtzentrum
Stadtführer/ Stadtführerin *m/f*	*hier:* jd., der Touristen führt und informiert
weinen	Tränen vergießen

Dom[i], aber nicht in der Mitte, sondern an der Seite. Denn auf dem Platz direkt vor dem Dom sind sehr viele Erwachsene, Jugendliche und Kinder: Kölner treffen sich hier, Touristen fotografieren, **Stadtführer** erklären, Menschen gehen vorbei, einige singen und tanzen. Viele machen hier einfach eine kleine Pause, sitzen auf den Treppen und essen etwas. Wie die Familie neben den Katzen. Ein Kind **weint**: Sein Essen ist auf den Boden gefallen. Die Familie geht. Fiona und Kim haben Hunger. Sie essen

[i] Der Kölner Dom ist eine katholische Kirche. Er ist die dritthöchste Kirche der Welt. Seine zwei Türme sind 157 Meter hoch. Er ist die meistbesuchte Sehenswürdigkeit in Deutschland.

Burger und Pommes. Bald sind die Katzen **satt**. Sehr satt. Vögel fliegen über den Platz. Einer landet direkt neben Kim und isst den Rest einer Pommes. Die Katze sieht den Vogel sofort, macht nur eine

satt	nicht mehr hungrig
Bewegung *f*	Veränderung der Lage, Haltung
Ruhe *f*	ohne Lärm und Hektik
ausruhen	sich erholen, neue Kraft sammeln

kleine **Bewegung** und schon fliegt der Vogel weg. Hungrig. Eine Touristengruppe kommt. Die Stadtführerin erklärt:

Übung 1: Nomen. Lesen Sie weiter und ergänzen Sie die passenden Nomen!

~~Dom~~   Leute   Jahre   **Ruhe**   Touristen

„Der **1.** _Dom_ ist seit 1996 UNESCO-Weltkulturerbe. Bauzeit: rund 600 **2.** _____ . Seit 1880 ist er fertig. Bitte, kommen Sie."

Die **3.** _____ gehen mit der Führerin in den Dom. Fiona und Kim nicht. Sie sind satt und müde. Sie brauchen etwas **4.** _____ . Aber hier am Dom können sie nicht **ausruhen** – zu viele **5.** _____ !

Die Katzen wollen so schnell wie möglich aus der Innenstadt. Sie gehen vom Dom 250 Meter nach Osten zu einer

Brücke – der Hohenzollernbrücke. Hier wollen Fiona und Kim über den Rhein[i]. Der **Fluss** fließt mitten durch Köln. Die 400 Meter lange und 30 Meter breite Brücke ist nur für Züge und Fußgänger. Der Bereich für Fußgänger ist kaum dreieinhalb Meter breit. Da ist heute wenig Platz für die vielen Menschen.

Brücke *f*	Bauwerk über Wasser
Fluss *m*	natürlicher Wasserweg
Fell *n*	Haare von Tieren
knurren	brummen
still	ruhig
Angst *f*	Furcht, leichte Panik
ein paar	*hier:* wenige, nicht viele

Die Katzen versuchen trotzdem, über die Brücke zu kommen. Aber was ist das? Schon nach wenigen Metern müssen sie halten. Zwei Hunde stehen vor ihnen: Einer ist groß, braun, hat kurze Ohren und eine schwarze Nase. Sein **Fell** ist lang und schmutzig. Der andere Hund ist klein, weiß, hat lange Ohren, eine rosa Nase, überall schwarze Punkte und ein rotes Halsband. Der große Hund **knurrt** laut, der kleine knurrt leise. Die Katzen reagieren nicht, stehen nur ganz **still** und warten.

Jetzt bellen die Hunde laut: „Wau, wau, wau!"

Sie wollen Kontakt mit den Katzen. Fiona und Kim haben keine **Angst** vor den Hunden. Aber kennenlernen wollen sie sie nicht.

„Miau, miau", antworten Fiona und Kim. Sie wollen nicht unfreundlich sein.

> [i] Der Rhein ist ein großer Fluss. Er ist etwa 1233 Kilometer lang und fließt von der Schweiz in die Nordsee.

Ein paar Sekunden ist es still. Die Hunde schauen die Katzen an, die Katzen schauen die Hunde an. Drei große Schulkinder kommen. Die Katzen sehen das, warten, bis sie ganz nah sind, und gehen dann zusammen mit den großen Kindern an den beiden Hunden vorbei. Die Katzen freuen sich. Die Hunde nicht.

„Wau, wau, wau", hören die Katzen laut hinter sich. Fiona und Kim zeigen kein Interesse. Sie gehen leise weiter.

Paar *n*	*hier:* zwei Personen, die sich lieben
küssen	mit den Lippen berühren
Schloss *n*	*hier:* Gegenstand mit einem Bügel, den man mit einem Schlüssel öffnen und schließen kann
werfen	durch die Luft fliegen lassen
Initiale *f*	Anfangsbuchstabe von Namen

Mitten auf der Brücke steht ein **Paar**: ein Mann und eine Frau. Sie **küssen** sich. Dann hängen sie ein **Schloss** an die Brücke.

„Für immer", sagt das Paar und **wirft** den Schlüssel ins Wasser.

An der Brücke in Köln hängen viele Schlösser: Liebesschlösser. Auf ihnen sind Namen, kurze Texte und **Initialen** von Paaren zu lesen. Die Brücke ist über 100 Jahre alt. Die Liebesschlösser gibt es in Köln erst seit 2008, aber es hängen schon viele Tausende hier. Und täglich werden es mehr. Fiona und Kim ist das egal. Sie gehen an dem Paar vorbei.

Und genau in diesem Moment sagt der Mann: „Guck mal, zwei Katzen!"

Aber die Frau zeigt kein Interesse und ruft: „He, Liebling! Was soll das? Lass die Katzen! Schau mich an und küss mich." Sie küssen sich.

Übung 2: Konjugation. Was ist richtig? Unterstreichen Sie!

1. Die Katzen freut / freust / freuen sich.

2. Auf der Brücke steht / stehst / stehen ein Paar.

3. Der Mann und die Frau küsse / küsst / küssen sich.

4. Das Paar wirft / werft / werfen den Schlüssel ins Wasser.

5. Ein Hund bellt / bellst / bellen laut.

Auf der Brücke sind viele Menschen. Das ist für die Katzen nicht einfach. Immer wieder müssen sie langsam gehen. Manchmal müssen sie stehen bleiben und warten. Gegen halb drei kommen Fiona und Kim auf der anderen Seite an. Sie sind jetzt sehr müde und müssen ausruhen. Direkt am Wasser ist eine **Wiese** mit Bäumen. Ein bisschen Natur in der Großstadt – das mögen die Katzen. Schnell finden

meadow

Wiese *f*	Fläche mit Gras
froh	zufrieden, glücklich

sie einen guten Platz. Neben einem Baum legen sie sich in die Sonne und schauen müde auf den Rhein. Schiffe fah- *ship* ren vorbei. Die Katzen interessiert das nicht. Sie wollen *rest* hier nur liegen und sich in der Sonne ausruhen. Sie sind sehr müde. Sie ziehen schon seit heute Morgen durch die Straßen. Hier am Rhein haben sie jetzt ihre Ruhe. Die Katzen sind **froh**.

Leider nur für zehn Minuten. Zwei Männer kommen. Sie fahren langsam auf Fahrrädern den Fluss entlang. Die eine Hand haben sie am Fahrrad, in der anderen Hand hält jeder eine Bierflasche. Die Radfahrer sind groß und schlank. Beide tragen das Haar und die **Bärte** wie der Weihnachts-

Bart *m*	Haare im Gesicht
Niete *f*	Bolzen aus Metall
Totenkopf *m*	Schädel eines Toten
stören	*hier:* nerven
betrunken	alkoholisiert
schocken	erschrecken

mann – lang und grau. Ihre Augen kann man nicht sehen: Sie tragen Sonnenbrillen. Ihre Kleidung ist schwarz mit vielen **Nieten**. Auf der Haut haben sie Tattoos, an den Fingern Ringe in Form von **Totenköpfen**. Hinten auf ihren Jacken steht „Rocker❶ Paul" und „Rocker Sven". An ihren Fahrrädern hängen Schilder mit der Aufschrift „Harley Davidson".

Die beiden Fahrrad-Rocker halten ein paar Meter vor Fiona und Kim, steigen von ihren Rädern und bleiben stehen. Kölner sind normalerweise freundlich und lachen viel. Kölner sind nett, finden auch Fiona und Kim. Nur sehr selten **stören** sie Menschen, wie jetzt die zwei Typen mit den Rädern.

„Schau mal! Siehst du das? Zwei Katzen – wie süß!", sagt Rocker Sven und zeigt mit dem Finger auf Fiona und Kim.

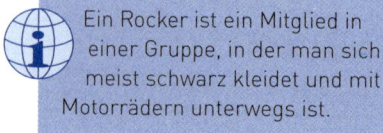
Ein Rocker ist ein Mitglied in einer Gruppe, in der man sich meist schwarz kleidet und mit Motorrädern unterwegs ist.

„Oh ja, ich sehe sie. Zwei Katzen – schwarz wie wir – sehr hübsch! Ich liebe Tiere", antwortet Rocker Paul.

Beide lachen. Die Männer sind **betrunken**. Immer wieder trinken sie aus ihren Bierflaschen.

Die Katzen liegen jetzt nicht mehr. Sie sitzen. Sie hören jedes Wort und sehen jede Bewegung. Aber sie schauen die Rocker nicht direkt an und hoffen, dass die beiden bald weiterfahren. Aber nein! Die Rocker fahren nicht weiter. Sie stellen ihre Fahrräder an einen Baum und setzen sich auf die Wiese. Fiona und Kim reagieren nicht, aber in ihren großen Katzenaugen kann man sehr deutlich lesen, was sie denken: ‚Es gibt so viel Platz auf der Wiese. Warum müssen sich diese zwei genau hier neben uns setzen?'

Übung 3: Antonyme. Finden Sie das Gegenteil!

1. [b] fahren   a) essen
2. [E] lieben   b) gehen
3. [ ] lachen *laugh* c) sehen
4. [A] trinken   d) weinen *cry*
5. [ ] hören   e) hassen *hate*

Die Katzen wollen zuerst gehen. Aber sie bleiben sitzen. Sie haben keine Angst. Sie sind cool. Diese Fahrrad-Rocker können sie nicht **schocken**. Wirklich nicht. Aber die Katzen wollen jetzt einfach ihre Ruhe. Deshalb stören Paul und Sven. Und noch etwas: Fiona und Kim haben _feine_ Nasen *fine* und die Rocker riechen nicht gut. Sie riechen nach Alkohol. Das mögen die Katzen nicht. Aber sie spüren auch:

feel

Die zwei sind nicht **ge-fährlich**.

„Hallo Kätzchen, miez, miez, miez", sagt Sven.

Die Katzen zeigen keine Reaktion. Sie schauen auf den Rhein und bewegen sich nicht.

dangerous	
gefährlich	riskant, voller Gefahr
empathisch	einfühlsam, mit Mitgefühl
elegant	stilvoll, fein
apathisch	teilnahmslos, passiv

„Mensch, Sven, die Kätzchen haben Angst. Du musst **empathisch** sein."

„Ich bin empathisch. Und ich bin Experte für Katzen."

„Echt? Seit wann bist du Katzenexperte?"

„Schon immer, Paul. Schau, wie süß die Katzen sind! Die Augen, die Nasen, die Ohren, der Schwanz, das Fell – schwarz wie Panther – superschön."

„Finde ich auch, Sven. Katzen sind schön. Und sie sind intelligent."

„Und **elegant**, nicht wahr, Paul?"

„Ja, du Katzenexperte! Schön – intelligent – elegant. Genau wie wir!"

Die Rocker lachen laut und trinken. Paul nimmt sein Handy und macht Fotos. Die Katzen reagieren nicht. Sie schauen über den Rhein zum Dom.

„Warum sind die Katzen so ... äh, so **apathisch**? Vielleicht wollen sie ein bisschen Bier", meint Paul und hält Fiona und Kim seine Bierflasche vor die Nase.

Die Katzen bewegen (*move*) sich nicht.

„Mensch, Paul! Katzen mögen kein Bier. Sie trinken nur Wasser oder Milch. Das weiß doch jedes Kind."

Fiona und Kim machen die Augen zu.

„Schau, Sven, die Katzen sind müde und möchten schlafen."

„Oder sie mögen uns nicht, Paul."

„Nein. Das kann nicht sein. Wir sind doch tolle Typen: sexy, intelligent, nett ..."

Darauf sagt Sven schnell:

„... und **reich**! Ja, liebe Kätzchen! Wir haben hier in Köln einen Laden. load

reich	viel Geld habend
Millionär/Millionärin *m/f*	jd. mit sehr viel Geld
Allergie *f*	krankhafte Reaktion auf etw.

Wir sind **Millionäre**.

Wir können euch alles kaufen, was ihr wollt."

Die Katzen sitzen ganz still. Sie haben die Augen zu, aber sie sind sehr aufmerksam. Angst haben sie nicht. Für einen Moment sitzen auch die Männer ganz still, sehen die Katzen an und trinken Bier.

Nach ein paar Minuten meint Paul: „Vielleicht sind die Katzen krank."

Fiona ruft sehr laut und sehr unfreundlich: „Miau!"

„Komm, Paul! Lass uns gehen. Die Katzen mögen uns nicht."

„Warum denn? Können wir nicht noch ein bisschen bleiben?"

„Nein. Das können wir nicht. Wir müssen gehen."

„Ach Sven, warum müssen wir denn gehen?"

„Du hast eine **Allergie**, Paul."

„Was habe ich?"

„Du hast eine Katzenallergie."

„Eine Katzenallergie? Etwa eine Katzenhaarallergie?"

„Ja, genau. Ich denke, du hast eine Katzenhaarallergie."

„Nein, habe ich nicht, Sven. Ich habe nie Allergien."

„Doch. Jetzt. Dein <u>Gesicht</u> ist total rot. Rot wie eine Tomate." *face*

„Das ist das Bier."

„Oh nein, Paul. Du musst morgen einen Allergietest, einen Katzenhaarallergietest machen lassen."

„Katzenhaarallergietest – super Wort, Sven!"

„Ja, Paul. Du machst morgen den Test und dann bekommst du ein Katzenhaarallergietestergebnis. Tolles Wort, oder?"

Beide lachen laut.

Übung 4: Komposita. Was passt nicht? Streichen Sie das falsche Element durch und schreiben Sie das richtige Wort auf die Linie!

1. Katzenhaar~~ergebnis~~allergie *Katzenhaarallergie*

2. Fahrradfahrerbier _____

3. Fußstadtgängerzone _____

4. Bierrockerflaschen _____

Genau in diesem Moment kommt ein Mann in **Uniform**. Er ist nicht betrunken. Er riecht gut. Sein Hemd ist hellblau, seine Mütze weiß, Jacke, Krawatte und Hose sind dunkelblau. Er ist **Polizist**.

„Oh, ein Sheriff", sagt Sven. Die Rocker lachen. *serious*

Der Mann in Uniform lacht nicht. Er schaut **ernst**. „Guten Tag! Bitte kein Glas! Sie können hier nicht mit den Flaschen sitzen. Hier ist Glasverbot🛈. Bitte werfen Sie die Flaschen sofort in den **Mülleimer**", sagt der Polizist und sieht Sven und Paul an.

Uniform *f*	Dienstkleidung
Polizist/ Polizistin *m/f*	jd., der für die Polizei arbeitet
ernst	nicht lustig
Mülleimer *m*	Behälter für Abfall
langweilig	uninteressant
hässlich	nicht schön

„Prost, Herr Kommissar", antwortet Paul und trinkt aus seiner Flasche.

„Bitte werfen Sie die Flaschen in den Müll", wiederholt der Mann in Uniform.

„Okay, okay. Wir wollten sowieso gerade gehen. Komm, Sven, lass uns gehen. Die zwei Katzen hier sind **langweilig** und unsympathisch."

„Und intelligent sind sie auch nicht."

„Und **hässlich** sind sie. Sehr hässlich. Und eine Allergie habe ich auch. Komm, Sven, wir gehen."

„Tschüss, Katzen!", rufen die Rocker, stehen auf, trinken ihre Flaschen leer und werfen sie nur wenige Meter entfernt in einen Mülleimer.

„Vielen Dank", sagt der Polizist.

🛈 Glasverbot bedeutet, dass man keine Flaschen aus Glas verwenden darf. Glas zerbricht leicht und man kann sich verletzen. Flaschen und Becher aus Plastik sind erlaubt. *allowed*

„Gern geschehen", erwidert Sven.

Dann steigen die zwei Rocker auf ihre Räder und wollen losfahren.

17

Aber der Polizist stoppt sie: „Moment! Das geht nicht. Sie sind betrunken. So können Sie nicht fahren. Sie müssen zu Fuß gehen."

Sven und Paul steigen ab und gehen langsam von der Wiese zur Brücke.

Übung 5: Verben. Lesen Sie weiter und unterstreichen Sie das passende Verb!

Fiona und Kim **1.** bleiben / fahren noch. Sie wollen noch ein bisschen ausruhen. Hier am Rhein **2.** lernen / sind wenig Leute. Die Katzen **3.** lieben / leben die Wiese. Sie **4.** liegen / scheinen in der Sonne und machen nichts. Sie **5.** verstehen / brauchen diese Pause. Den ganzen Tag zwischen den vielen Menschen in Köln – das **6.** ist / sucht anstrengend. Sehr anstrengend!

20 Minuten ruhen sich Fiona und Kim in der Sonne aus. Sie fühlen sich super. Doch **plötzlich** laufen **Mäuse** _nice_ über die Wiese. Die Katzen hören und sehen sie sofort. Es ist eine Mäusefamilie: grau mit schwarzen Nasen und schwarzen Schwänzen. Die Mäuse sehen glücklich aus

plötzlich	_suddenly_ auf einmal, unerwartet
Maus _f_	kleines, graues Tier

und fühlen sich sicher. _sure_ Die Katzen schauen interessiert. Die Mäusekinder spielen im Gras. Fiona und Kim bewegen _move_ sich nicht. Sie sind müde und satt. Sie denken: ‚Leben und leben lassen.' Sie bleiben liegen, machen die Augen zu und schlafen ein bisschen. Nach einer halben Stunde stehen die Katzen auf und gehen wieder über die Brücke. Sie sehen Schlösser, Züge, Menschen und Tiere.

Ziel *n* ~~goal~~	*hier:* Ort, zu dem man kommen will
Brunnen *m* ~~fountain~~	*hier:* Becken für Wasser
dunkel	ohne Licht
leer	*hier:* ohne Menschen
Ratte *f*	kleines, graues Tier mit langem, dickem Schwanz
Nachbar/ Nachbarin *m/f*	jd., der in der Nähe wohnt

Die Innenstadt ist immer noch voll. Fiona und Kim haben kein konkretes **Ziel**. Irgendwann kommen sie in die Glockengasse. Vor dem Haus mit der Nummer 4711 steht die Touristengruppe von heute Mittag am Dom.

„Hier entstand das Duftwasser Eau de Cologne – das Kölnisch Wasser mit dem Namen 4711, denn das Haus hatte diese Hausnummer ...", erklärt die Stadtführerin. ~~guide~~ Vor dem 4711-Gebäude ist ein **Brunnen**. Hier fließt kein normales Wasser. Hier fließt Kölnisch Wasser. Das ist nichts für Fionas und Kims feine Nasen. Sie mögen Kölnisch Wasser nicht und gehen schnell weiter.

Es ist Abend. Die Schwestern wollen nur noch nach Hause. Gegen halb acht sind sie im Westen von Köln. Hier leben Fiona und Kim. Es ist **dunkel**. Die Straßen sind **leer**. Auf dem Gehweg läuft eine **Ratte**: klein, dick und grau mit schwarzem Schwanz. Die Katzen kennen sie. Die Ratte heißt Anne. Sie ist ihre **Nachbarin**.

„Lauf schnell! Oder wir **fressen** dich", ruft Kim.

Die Ratte bleibt stehen, sieht zu den Katzen und sagt: „Oh, Fiona und Kim! Ich habe euch nicht gesehen. Jetzt habe ich aber Angst." Sie lacht laut, geht weiter und meint: „Ich wünsche euch noch einen schönen Abend!"

„Wünschen wir dir auch, Anne!", ruft Fiona.

„Danke", sagt die Ratte und läuft weiter.

fressen	essen (bei Tieren)
nervös	aufgeregt, unruhig
unterwegs	*hier:* draußen, in den Straßen
Schminke *f*	Farben im Gesicht, Make-up
Kostüm *n*	*hier:* Verkleidung
Kredit *m*	*hier:* von der Bank geliehenes Geld
sich verkleiden	durch Kleidung sein Aussehen verändern
Kindheit *f*	Zeit, als man ein Kind war

Nur ein paar Meter weiter bleiben die Katzen vor einem Haus stehen. Neben der Tür sind viele Schilder. *Signs* Auf einem Schild steht „Fiona Koslowski und Kim Koslowski".

„Kim, du hast den Schlüssel."

„Nein, Fiona. Den Schlüssel hast du."

Die Katzen suchen **nervös** ihren Hausschlüssel. Minutenlang. Sie suchen in allen Taschen, die sie haben: Hosentaschen, Jackentaschen, Handtaschen ...

„Ich habe ihn!" Endlich hält Kim den Schlüssel in der Hand. Sie schließt die Haustür und dann die Wohnungstür auf. Die Schwestern sind froh, endlich zu Hause zu sein.

Im Februar oder März wird der Karneval in Köln sehr intensiv gefeiert. Die Leute verkleiden sich mit Kostümen und feiern eine große Party. Der wichtigste Tag ist in Köln der Rosenmontag.

Es war ein langer Tag. So viele Stunden **unterwegs**! *On the way* So viele Leute in Köln!

„So, Kim! Jetzt ist Schluss mit dem Leben als Katzen. Der Karneval[i] ist zu Ende: Weg mit den Ohren! Runter mit der **Schminke**! Raus aus den **Kostümen**!"

„Ja, Fiona, leider! Tschüss, Kostüm – bis nächstes Jahr!"

Sie nehmen die Katzenohren vom Kopf und ziehen die Katzenkostüme aus. Sie waschen die Katzenschminke vom Gesicht, duschen, essen etwas, putzen die Zähne, gehen ins Bett und schlafen sofort ein. Sie sind sehr müde.

Kim ist 24 Jahre alt und studiert. Fiona ist 27 Jahre alt. Sie arbeitet bei einer Bank und ist Expertin für **Kredite**. Sie wohnen zusammmen. Wenn Karneval ist, **verkleiden sich** die Schwestern immer als Katzen – schon seit ihrer **Kindheit**.

Childhood

Übung 6: Satzbau. Ordnen Sie die Wörter und schreiben Sie die Sätze richtig auf!

1. | Kim | und | studiert | alt | ist | 24 | Jahre |

   Kim ist 24 Jahre alt und studiert.

2. | Fiona | 27 | einer | Bank | arbeitet | bei | ist | | und |

   Fiona _____.

3. | Sie | die | Kopf | Katzenohren | nehmen | vom |

   Sie _____.

4. | Fiona | im | Kim | Köln | und | Westen | von | | wohnen |

   Fiona _____.

Zwei Tage später. Kim ist an der Universität. Sie lernt viel. Sie mag ihr Studium und will gute Noten. Fiona arbeitet bei der Bank. Sie sitzt in ihrem **Büro**. Sie ist gern Bankkauffrau [i]. Gerade informiert sie eine Frau

über einen Kredit. Die Kundin möchte in Köln eine Wohnung kaufen. Fiona erklärt ihr alles. Nach etwa 40 Minuten geht die Frau. Es ist zehn vor elf. Fiona schaut in ihren Terminkalender und liest: „Mittwoch, elf Uhr: Jäger und Lehmann – Projekt: **Fitnessstudio**."

Die Kunden sind noch nicht da. ‚Gut', denkt Fiona und macht eine Kaffeepause. Pünktlich um elf Uhr kommt sie wieder an ihren Tisch. Und da sitzen nun auch ihre nächsten Kunden. Die Männer sind elegant gekleidet und riechen gut.

„Guten Tag! Mein Name ist Fiona Koslowski. Was kann ich für Sie tun?" Sie lächelt freundlich, gibt den Männern die Hand und setzt sich an ihren Tisch.

„Guten Tag, Frau Koslowski! Ich bin Sven Lehmann und das ist Paul Jäger. Wir sind Partner, **Geschäftspartner**", sagt der eine Mann.

Fiona **erkennt** die Männer sofort und kann kaum glauben, was sie sieht: die Fahrrad-Rocker vom Karneval. Heute kann man keine Tattoos sehen. Heute sind sie ohne Haare wie der Weihnachtsmann. Sie haben keine Ringe wie Totenköpfe. Heute riechen sie nicht nach Alkohol. Heute haben sie keine Bierflaschen dabei. Heute sind sie nicht betrunken. Heute lachen sie nicht. Heute sind sie nicht unfreundlich. Heute sind sie **höflich**. Sehr höflich. Sven und Paul erkennen

höflich	freundlich
vorbei	zu Ende
Zufall *m*	etw., das ohne Plan passiert
Sportartikel *m*	Kleidung oder Gerät für den Sport
Profi *m*	*hier:* Experte

coincidence

Fiona nicht. Sie trägt heute keine Katzenohren. Heute ist sie nicht geschminkt wie eine Katze, hat keine Farbe im Gesicht. Und sie trägt heute kein Kostüm mit Fellschwanz, sondern einen Rock und eine Bluse. Der Karneval ist **vorbei**.

Fiona sagt nichts über das Treffen vorgestern am Rhein. Sven Lehmann und Paul Jäger sind jetzt ihre Kunden. ‚Was für ein **Zufall**‘, denkt Fiona.

Die beiden erklären alles ganz genau: Als Geschäftspartner haben sie seit vier Jahren im Zentrum von Köln einen Laden für **Sportartikel**: „L&J“. Der Laden läuft gut. Weil er so gut läuft, möchten sie jetzt direkt neben ihrem Laden ein Fitnessstudio eröffnen. Dazu brauchen sie einen Kredit.

runs

„Wir sind **Profis**. Wir lieben Sport, Fitness und Gesundheit. Partys, Fast Food und Alkohol mögen wir nicht. Wirklich nicht, Frau Koslowski“, sagt Sven.

„Und Karneval?“, fragt Fiona und lacht.

Sven erkennt Fiona immer noch nicht. Er antwortet schnell: „Okay! Wir sind beide Kölner.[i] Und hier in Köln ist Karneval **Pflicht**. Da lassen wir den Laden zwei Tage zu, sind auf der Straße, trinken ein paar Bier und machen Party. Aber

Pflicht *f*	~~ein~~ Muss *duty*
Idee *f*	Gedanke, Einfall
Unterlagen *pl*	Dokumente

den Rest des Jahres machen wir das nicht. Wirklich nicht. Wir arbeiten viel und gern. Unser Laden für Sportartikel läuft gut. Und nun planen wir das Fitnessstudio."

„Gute **Idee**!", sagt Fiona.

„Danke, Frau Koslowski", sagt Paul und spricht sofort weiter. Er spricht ziemlich lange.

Fiona hört genau zu, findet das Projekt sehr gut. Sie nimmt die **Unterlagen**, steht auf und sagt: „Bitte warten Sie einen Moment hier. Ich muss mit meinem Chef sprechen." Sie geht aus dem Büro.

Übung 7: Sätze vervollständigen. Eine Möglichkeit ist richtig. Unterstreichen Sie!

1. Paul und Sven brauchen Sport / Geld / Liebe .

2. Sie planen Sportschuhe / ein Fitnessstudio /

ein Büro .

3. Fiona findet die Idee exklusiv / wirklich / gut .

4. Sie muss ihren Chef küssen / fragen / trainieren .

Nach etwa zehn Minuten kommt Fiona zurück. Sie lächelt, setzt sich, sieht die beiden Männer an und sagt: „Kein Problem, Herr Lehmann, Herr Jäger. Es sieht gut aus. Wir **prüfen** noch alles, aber ich denke, Sie bekommen den Kredit."

> Leute, die in Köln geboren sind, und Leute, die in der Stadt wohnen, nennt man *Kölner* und *Kölnerin*. Genauso: *Stuttgarter/Stuttgarterin*, *Hamburger/Hamburgerin*, *Berliner/Berlinerin* usw.

„Super, Frau Koslowski. Sie sind **genial**. Vielen, vielen Dank!", freut sich Paul.

Fiona versucht, sehr ernst zu schauen, und fragt: „Genial? Ach, wirklich? Bin ich nicht langweilig, unsympathisch und hässlich?"

Die Männer sind **überrascht**. Sie verstehen diese Reaktion nicht und sehen die Bankauffrau **erschrocken** an. ‚Was ist plötzlich los? Gerade war Frau Koslowski noch so nett – und jetzt das, was soll das?' Sven und Paul können nichts sagen. Sie schauen die Bankauffrau mit großen Augen an.

Fiona spricht weiter: „Vorgestern haben Sie gesagt, Sie sind Millionäre, und heute brauchen Sie einen Kredit. Das verstehe ich nicht. Wirklich nicht."

Sven und Paul wissen immer noch nicht, was los ist. Sie sagen kein Wort und sehen sich erschrocken an. Ihre Gesichter sind weiß.

prüfen	testen, untersuchen
genial	toll, super
überrascht	verwundert
erschrocken	geschockt

‚Wie lustig', denkt Fiona. Sie lächelt, sieht Paul an und fragt: „Haben Sie schon das Katzenhaarallergietestergebnis?"

Stille. Keiner bewegt sich. Die Männer **starren** Fiona **an**. Jetzt erkennen sie sie. Jetzt verstehen sie alles. Aber sie können nichts sagen.

„Kein Problem", sagt Fiona, „Karneval ist Karneval und **Alltag** ist Alltag."

Fiona lacht. Paul und Sven lachen nicht.

Es ist September. Bei der Bank verdient Fiona gut. Kim studiert und hat immer zu wenig Geld. Auch heute. Es ist Sonntag. Sie wollen frühstücken. Das Radio ist an. Fiona sitzt in der Küche am Tisch. Kim serviert ein Glas Saft.

„Für dich, meine liebe Schwester, ein Trauben-Pfirsich-Ananas-Apfel-Saft."

„Wie viel Geld willst du, Kim?"

„Was meinst du? Ich verstehe dich nicht, Fiona."

„Du verstehst mich sehr gut. Du brauchst Geld. Oder warum bist du heute so nett?"

„Ach Fiona, ich bin immer nett. Ich liebe dich. Du arbeitest viel und brauchst Vitamine. Das ist alles."

„Ach was! Ich glaube dir kein Wort."

Fiona liebt ihre Schwester und kennt sie sehr gut. Sie probiert den Saft und sagt: „Sehr gut. Danke, Kim."

„Meine liebe Schwester, ich brauche Geld", sagt Kim.

„Wie bitte?"

„Ach Fiona, bitte! Kannst du mir ein bisschen Geld **leihen**?"

Stille *f*	Ruhe
jn. an-starren	jn. intensiv und lange ansehen
Alltag *m*	normales Leben
jm. etw. leihen	jm. etw. für eine Zeit geben
Kneipe *f*	einfaches Lokal

„Ja, natürlich, Kim. Das kann ich, aber ..."

„Aber was?", fragt Kim ihre Schwester.

„... aber ich will nicht. Nie hast du Geld, Kim. Such dir einen Job!"

„Ich muss für mein Studium lernen. Ich kann nicht arbeiten."

„Kim, du willst nicht. Du kannst sehr gut am Wochenende arbeiten."

„Mensch, Fiona, wo kann ich am Wochenende arbeiten? In einer **Kneipe** Bier servieren will ich nicht."

„Kein Problem, liebe Kim. Ich habe eine Idee."

Übung 8: Modalverben. Wo passen die Modalverben? Ergänzen Sie!

> kann   kann   kannst   kannst   ~~möchte~~   muss
>
> will   willst

1. „Ich *möchte* das hören", meint Fiona.

2. „Bitte, _____ du mir Geld leihen?"

3. „Das _____ ich, aber ich _____

   nicht.

4. „Ich _____ nicht arbeiten. Ich _____

   lernen."

5. „Kim, du _____ nicht. Du _____

   sehr gut arbeiten."

Es ist November.

„Guten Tag, Herr Müller! Training schon zu Ende?",

schwitzen	Schweiß absondern
trainieren	*hier:* Sport machen

fragt Kim einen circa 50 Jahre alten Mann in Sportkleidung. Sein Gesicht ist rot. Er **schwitzt**.

„Guten Tag, Frau Koslowski! Ja, ich bin fertig."

„Was möchten Sie trinken?" Kim lächelt.

„Einen Smoothie, bitte."

Kim mixt einen Smoothie und gibt ihn dem Mann. Kim arbeitet jetzt samstags und sonntags im Fitnessstudio „L&J". Die Studentin verdient hier am Wochenende Geld. Sie mag ihren Job. Herr Müller zahlt und geht.

Übung 9: Possessivartikel. Ergänzen Sie!

ihr   ihr   ihr   ihre   ~~sein~~

1. das Training von Herrn Müller: *sein* Training

2. der Job von Kim: _____ Job

3. das Fitnessstudio von Sven und Paul: _____ Fitnessstudio

4. die Schwester von Fiona: _____ Schwester

5. der Kunde von Kim: _____ Kunde

In diesem Moment hört sie ihre Schwester: „Hallo Kim! Alles klar? Wie läuft der Job?"

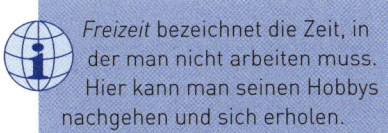
Freizeit bezeichnet die Zeit, in der man nicht arbeiten muss. Hier kann man seinen Hobbys nachgehen und sich erholen.

„Sehr gut, liebe Fiona."

„Das ist gut. Freut mich! Du, Kim, ich bin müde und brauche jetzt sofort einen Drink." Fiona setzt sich an die Bar.

„Hast du zu viel **trainiert**?", fragt Kim hinter der Bar.

„Zu viel? Nein. Ich sitze von Montag bis Freitag im Büro. Da muss ich in meiner Freizeit Sport machen."

„Wie lange bist du heute schon hier?"

„Drei Stunden, meine liebe Kim. Ich trainiere gern."

„Wow! Drei Stunden! Findest du nur das Training gut oder auch den ...?"

Übung 10: Frage zum Text. **Was will Kim fragen? Kreuzen Sie die richtige Antwort an!**

„Findest du nur das Training gut oder auch den ...?"

❏ Bar

❏ Getränke

❏ Trainer

❏ Nachbarin

❏ Geld

❏ Glas

„Sei ruhig, Kim!", sagt Fiona schnell, denn ihre Nachbarin Anne kommt an die Bar.

„Mensch, Anne! Du siehst gut aus! Wie viel hast du in den letzten Monaten **abgenommen**?", fragt Kim die junge Frau.

[annotation: lost]

„**Fast** zehn Kilo", antwortet Anne.

abnehmen	*hier:* Gewicht verlieren
fast	beinahe, nicht ganz
verliebt	sehr starke Gefühle habend

„Dann bist du nächstes Jahr beim Karneval aber eine sehr schlanke Ratte", meint Fiona.

Die Frauen lachen.

Einige Zeit später. Es ist wieder Karneval in Köln. Die Innenstadt ist voll. Die Sonne scheint nicht. Der Wind ist kalt. Trotzdem sind viele Menschen unterwegs. Fast alle sind verkleidet. Man sieht Piraten, Hunde, Mäuse, große Schulkinder, dünne Ratten …

Eine Frau und ein Mann stehen auf der Brücke. Beide in Schwarz. Die Frau trägt Katzenohren. In ihr Gesicht hat sie Katzenaugen und eine Katzennase gemalt. [annotation: painted] Sie trägt ein Katzenkostüm mit Schwanz. [annotation: tail] Der Mann hat Haare und Bart so lang und grau wie der Weihnachtsmann. Seine Kleidung ist schwarz mit vielen Nieten. Auf seine Haut hat er Tattoos gemalt, an den Fingern trägt er Ringe in Form von Totenköpfen. Die Katze und der Rocker sind **verliebt**. [annotation: in love] Sie umarmen und küssen sich. Dann hängen sie ein Liebesschloss an die Brücke. Auf dem Schloss stehen die Initialen „FK + SL".

„Für immer", sagen sie und werfen den Schlüssel ins Wasser.

Looking for traces in Munich

Spurensuche in München

Nina Wagner

Inhalt

Martin arbeitet jeden Tag in seinem Laden. Sein Leben ist fast ein bisschen langweilig. Aber ein Tag ändert alles. Ein Kunde möchte eine Kette verkaufen. Die Kette macht Martin neugierig. Sie bringt ihn zu vielen verschiedenen Menschen und Orten in München. Martin hat eine ganz besondere Begegnung. Diese Begegnung ändert sein Leben.

Personen

Martin hat einen Laden. Dort kauft und verkauft er alte Sachen. Martin spricht nicht gern und ist am liebsten allein.

Evi hat ein kleines Restaurant. Sie ist eine fröhliche Person und mag gern Menschen um sich herum. Deshalb liebt sie ihr Restaurant, das sie vor ein paar Jahren gekauft hat.

Schauplatz

München liegt im Bundesland Bayern ganz im Süden von Deutschland und hat circa 1,5 Millionen Einwohner. München hat viele traditionelle Orte und Bräuche. Weltweit bekannt ist das Oktoberfest.

Martin schaut auf seine Uhr. Es ist gleich zwölf Uhr. Um zwölf Uhr hat Martin immer Mittagspause. Dann geht er zu Elfi. Elfi hat ein kleines Restaurant an der Ecke. Dort kocht sie jeden Mittag für die **Geschäftsleute** und **Handwerker**. Martin mag[i] das Essen von Elfi. Es ist gut und <u>günstig</u>. *favourable*

Geschäftsleute *pl*	Männer und Frauen, die Geschäfte machen
Handwerker *m*	jd., der beruflich mit den Händen arbeitet, z. B. Maler, Mechaniker
eigentlich	*hier:* normalerweise, im Grunde
Werkzeug *n*	Material für Handwerker, z. B. Hammer, Säge

Martin hat seit 20 Jahren seinen Laden hier in München in der Landsberger Straße. Er hat den Laden von seinem Großvater nach seinem Tod bekommen. Er kauft und verkauft alte Möbel und andere alte Sachen. Viele Sachen sind kaputt und Martin muss sie erst reparieren. Dann kann er sie verkaufen. Damit verdient er sein Geld. Martin lebt allein. Sein Laden ist sein ganzes Leben. Er mag alte Sachen. Alte Sachen können nicht <u>reden</u> und das mag er sehr. Martin *talk* redet nicht gern. Die Gespräche mit den Kunden sind für ihn genug. **Eigentlich** ist er immer glücklich, wenn er allein in seinem Laden sitzt. Auch heute ist er den ganzen Tag allein. Kein Kunde war in seinem Laden.

Das Verb *mögen* benutzt man für Essen, Trinken und Sachen. Bei Personen bedeutet es *jemanden gernhaben. Ich mag dich* bedeutet *Ich habe dich gern.* Stärker ist: *Ich liebe dich.*

Martin legt sein **Werkzeug** auf den Tisch und steht auf. Er will die Tür von seinem Laden abschließen. Aber in diesem Moment kommt ein Mann in den Laden.

Übung 1: Suchrätsel. Finden Sie sechs Möbelstücke!

S	C	H	R	A	N	K
O	D	G	H	J	L	L
F	U	E	W	R	Y	R
A	D	B	H	M	G	E
S	E	S	S	E	L	G
B	E	T	T	A	K	A
U	I	S	T	U	H	

1. *Sofa*
2. sohronk – shelves
3. Sluhl.   seat/chair
4. regal – shelves
5. Sessel – armchair
6. bett

„Haben Sie noch geöffnet?", fragt der Mann Martin.

„Eigentlich möchte ich jetzt Mittagspause machen", sagt Martin.

„Oh, entschuldigen Sie bitte! Soll ich später wiederkommen?"

„Nein, nein. Es ist schon in Ordnung. Was kann ich für Sie tun?"

Martin ist **genervt** _(annoyed)_, aber Kunden bringen Geld. Und das braucht er. Sonst kann er die Miete für den Laden nicht bezahlen. Und die ist nicht wenig. Die Mieten sind hoch in

München. Der Mann öffnet seinen Koffer und holt etwas heraus.

„Was ist das?" Martin kann nicht genau sehen, was der Mann in seiner Hand hält.

„Es ist eine **Kette**. Ich glaube, sie ist sehr **wertvoll**. Was können Sie mir dafür bezahlen?" *Valuable*

⚡ **genervt**	leicht verärgert
Kette *f*	Halsschmuck *chain*
wertvoll	von großem Wert
Erbstück *n*	Gegenstand, den man von einem Verwandten erbt
Tante *f*	Schwester der Mutter oder des Vaters
merkwürdig	seltsam, nicht normal
Ruhe *f*	ohne Lärm und Hektik

„Ich muss mir die Kette erst einmal genau ansehen. Dann kann ich etwas dazu sagen. Ist die Kette ein **Erbstück**?" *heirloom*

„Ja, ja. Ein Erbstück. Von ... von meiner **Tante**", sagt der Mann.

Martin findet den Mann **merkwürdig**. „Kann ich mir die Kette in **Ruhe** ansehen? Ich habe jetzt Mittagspause und heute Nachmittag kann ich sie mir ansehen. Dann kommen Sie morgen wieder und ich kann Ihnen mehr sagen."

„Können Sie das nicht sofort sagen?"

„Nein, tut mir leid. So schnell geht das nicht. Sie möchten ja auch einen guten Preis für die Kette bekommen. Dann muss ich sie in Ruhe ansehen."

Nach einer Weile sagt der Mann: „Na gut. Ich komme morgen Mittag wieder."

Der Mann gibt Martin die Kette. Dann geht er aus dem Laden. Martin schaut noch einen Moment auf die Tür. ‚Die Erklärung mit der Tante ist sicher nur eine Geschichte', denkt Martin. Aber sein Hunger ist zu groß. Er muss erst einmal etwas essen. Dann wird er sich die Kette ansehen. Heute hat Martin keine Ruhe zum Essen. Er muss die ganze Zeit an die Kette und den merkwürdigen Mann denken. Der **Kellner** bringt ihm das Essen. Heute gibt es Weißwurst[i] mit süßem

Kellner/ Kellnerin *m/f*	jd., der in einem Restaurant das Essen und Trinken bringt
Amulett *n*	Anhänger an einer Kette
Enzian *m*	Blume in den Bergen mit weißer Blüte
Lupe *f*	Gerät, um etw. zu vergrößern

Senf. Er isst sein Essen schnell auf und geht dann zurück in seinen Laden.

Die Kette liegt noch auf dem Tisch. Martin schaut sich die Kette an. Sie ist aus Silber mit einem großen **Amulett**. Auf dem Amulett ist ein **Enzian**. Diese Amulette kennt Martin von früher. Seine Großmutter hatte auch eins. Martin dreht das Amulett in seinen Fingern. In dem Amulett ist ein Foto. Das Foto ist sehr klein und schwarz-weiß. Martin muss genau hinsehen. Auf dem Foto sieht er eine Frau. Sie steht auf der Straße und trägt ein helles Sommerkleid. Hinter der Frau stehen viele Stühle. Vielleicht steht sie vor einem Restaurant. Martin nimmt seine **Lupe**. Nun kann er die Kleinigkeiten besser sehen. Und es stimmt! Die Frau steht vor einem Restaurant. Über dem Fenster kann Martin den Namen lesen.

Die Weißwurst ist eine Spezialität in Bayern. Die Wurst ist aus Kalbfleisch. Man isst sie traditionell vor zwölf Uhr. Viele Menschen mögen die Weißwurst mit süßem Senf. Senf ist eine würzige Paste, die aus den Samen einer Pflanze gemacht wird.

Übung 2: Kreuzworträtsel. Wie heißt das Restaurant? Lösen Sie das Rätsel!

Waagerecht:

1. Das Gegenteil von neu: $\boxed{A}$ _L_ _T_

2. Ein anderes Wort für Geschäft: $\boxed{^2}$ __ __ __

3. Der Mann bringt eine __ __ $\boxed{^3}$ __ __ in den Laden.

4. Wie essen viele Deutsche ihre Wurst? Mit __ $\boxed{^4}$ __ __ .

6. Ein anderes Wort für Kellner: der $\boxed{^6}$ __ __ __

7. Er __ __ __ $\boxed{^7}$ __ viele Bücher.

Senkrecht:

5. Kurzform von Großvater: der __ $\boxed{^5}$ __

8. Im __ __ __ __ __ $\boxed{^8}$ kann man Essen gehen.

Lösung: $\boxed{A}$ $\boxed{^2}$ $\boxed{^3}$ $\boxed{^4}$ $\boxed{^5}$ $\boxed{^6}$ $\boxed{^7}$ $\boxed{^8}$

Martin legt die Lupe auf den Tisch. Er ist jetzt **neugierig**. Vielleicht gibt es das Restaurant ja noch und vielleicht ist es in München. Etwas an dem Foto und der jungen Frau **fasziniert** ihn. „Hör auf! Du bist kein **Detektiv**!", sagt er zu sich selbst. Aber

neugierig	interessiert, alles wissen wollend
faszinieren	begeistern
Detektiv *m*	jd., der ermittelt und Informationen sucht
zusammenzucken	vor Schreck eine kurze, schnelle Bewegung machen
sich umdrehen	*hier:* herumdrehen und nach hinten sehen

er muss immer an das Foto denken. Er nimmt sein Telefonbuch und sucht nach dem Restaurant. Und er findet wirklich ein Restaurant mit diesem Namen. Es liegt direkt im Stadtteil Obermenzing. Nicht weit von seinem Laden weg. Vielleicht drei Stationen mit der S-Bahn.

Nach 20 Minuten ist er bei dem Restaurant. Es hat noch geschlossen. Es ist auch erst 14 Uhr. Die meisten Restaurants öffnen erst am Abend. Aber es ist das Restaurant auf dem Foto. Der Name über dem Fenster sieht heute noch so aus wie auf dem Foto. Martin drückt sein Gesicht an das Fenster. Die Möbel sind alt und unmodern.

Das Dirndl ist ein traditionelles Kleid für Frauen in Bayern. Heute tragen es die Frauen noch zu Feiern, Hochzeiten und zum Oktoberfest. Die traditionelle Kleidung für Männer ist eine kurze Hose aus Leder.

„Kann ich Ihnen helfen?" Martin **zuckt zusammen**. Er **dreht sich um**. Hinter ihm steht eine Frau. Sie hat lange, braune Haare und sie trägt ein Dirndl. Sie ist circa 40 Jahre alt.

„Äh, ja, nein", sagt Martin.

„Ja oder nein?", fragt ihn die Frau.

„Entschuldigen Sie. Ja. Sie können mir helfen. Kennen Sie den Chef von diesem Restaurant?"

„Der steht vor Ihnen. Ich bin Evi", antwortet die Frau und lacht Martin freundlich an.

Martin wird rot. Die Situation ist sehr **unangenehm** für ihn. Er holt die Kette aus seiner Tasche und öffnet das Amulett.

unangenehm	Gefühl, wenn man sich nicht wohlfühlt
Theke *f*	Ort in einem Restaurant, wo Getränke vorbereitet werden

„Kennen Sie die Frau auf dem Foto? Oder wissen Sie, aus welchem Jahr das Foto ist?", fragt er Evi.

Martin gibt der Frau die Kette. Die Frau schaut auf das Amulett. „Woher haben Sie die Kette? Warum suchen Sie die Frau?" Evi schaut ihn an.

Martin erzählt ihr, warum er hier ist.

Evi hört zu und sagt dann: „Das Foto hängt auch in meinem Restaurant über der **Theke**. Es war schon immer dort. Ich habe das Restaurant vor zehn Jahren gekauft. Mit dem Bild über der Theke. Ich habe es nicht weggenommen. Es gehört zu dem Restaurant. Die junge Frau sieht sehr nett und freundlich aus. Aber leider weiß ich auch nicht, wer sie ist. Aber ich möchte es sehr gern wissen. Leider hatte ich bisher keine Zeit. Deshalb habe ich noch nicht nach der jungen Frau gesucht."

„Wissen Sie, wem das Restaurant vor Ihnen gehört hat?", fragt Martin.

„Ja, aber der Besitzer ist schon tot. Ich habe nur die Telefonnummer von seinem **Neffen**. Kommen Sie rein. Dann können wir zusammen anrufen."

Evi bittet Martin in das Restaurant. Dort rufen Martin und Evi den Neffen an. Der Neffe heißt Tom Schulz und wohnt im Zentrum von München, in der Nähe vom Sendlinger Tor. Tom lädt Evi und Martin zu sich nach Hause ein.

„Kennen Sie die Frau auf dem Foto?", fragt Martin und setzt sich auf das grüne Sofa in der Wohnung von Tom Schulz.

„Ja. Das ist meine Oma Katharina", erzählt Tom. „Das Restaurant hat ihr gehört. Dann meinem **Onkel**, aber der musste es leider verkaufen. Er hatte finanzielle Probleme. Zum Glück hat meine Oma das nicht mehr gesehen. Sie ist vorher **gestorben**. Das Restaurant war ihr Leben. Sie hat es als junges Mädchen gekauft und alles selbst **aufgebaut**."

„Hat sie das Restaurant allein **geleitet**?", fragt Martin neugierig. Er möchte mehr über diese Katharina wissen.

Übung 3: Perfekt. Lesen Sie weiter und ergänzen Sie die passende Form!

„Anfangs ja. Bis sie ihren Mann kennengelernt hat. Meinen Opa. Er **1.** helfen *hat* ihr *geholfen* . Er **2.** bedienen _____ die Gäste _____ und meine Oma **3.** kochen _____ _____ . Sie war eine tolle

Köchin. Aus ganz München **4. kommen** _____

die Leute _____. Ihre Knödel waren berühmt.

Sie **5. gewinnen** _____ sogar einen Preis für

ihre Knödel _____."

Martin hat Hunger. Er hat seit heute Mittag nichts mehr gegessen und das war nur eine kleine Portion.
„Hat Katharina ihren Mann im Restaurant kennengelernt?", fragt Evi.
„Ja, er war immer nach seiner Arbeit dort. Sie haben **sich** sofort **ineinander verliebt**."
„Das ist ja eine **romantische** Geschichte. Ich wusste sofort, dass das Foto etwas Besonderes ist", sagt Evi und lacht dabei über das ganze Gesicht.
Martin **überlegt**. Die romantische Geschichte interessiert ihn nicht. Er muss an das Amulett denken. „Eine Frage habe ich noch: Wer hat das Foto von Katharina gemacht?", fragt er.

Neffe *m*	Sohn von der Schwester oder dem Bruder
Onkel *m*	Bruder der Mutter oder des Vaters
sterben	aufhören zu leben
aufbauen	errichten, neu machen
leiten	führen, Chef von etw. sein
sich (ineinander) verlieben	anfangen jn. zu lieben
romantisch	mit vielen Gefühlen
überlegen	nachdenken, sich Gedanken machen

„Das kann ich Ihnen leider nicht sagen. Mein Opa war es nicht. Das Foto war schon vorher im Restaurant", antwortet der Neffe.

Martin weiß jetzt, wer die junge Frau ist. Aber wer ist der Fotograf? Vielleicht ist er der richtige Besitzer von dem Amulett. Und der junge Mann heute Mittag ist ein **Dieb**. Vielleicht hat er die Kette **gestohlen**.

„Vielen Dank für Ihre Zeit", sagt Martin und steht auf.

Dieb *m*	jd., der etw. stiehlt, ohne Erlaubnis mitnimmt
etw. stehlen	etw. ohne Erlaubnis wegnehmen
Biergarten *m*	Lokal im Freien
Spaß *m*	Freude, Vergnügen
Idee *f*	Gedanke, Einfall

Evi und er gehen auf die Straße. Martin hat immer noch Hunger.

„Die Geschichte ist so schön", sagt Evi, „ich werde sie meinen Gästen erzählen. Die Gäste lieben diese romantischen Geschichten."

„Vielleicht ist sie gar nicht so romantisch", sagt Martin.

„Aber warum? Die beiden haben sich in meinem Restaurant gefunden. Und das Foto von Katharina hängt noch heute über der Theke."

Martin hat großen Hunger. So kann er sich nicht konzentrieren. „Wollen wir uns zusammen in einen **Biergarten** setzen? Ich kenne einen schönen. Er ist ganz in der Nähe." Hat Martin das gerade wirklich gesagt? Eigentlich ist er lieber allein. Aber Evi ist ihm sympathisch. Die Suche nach dem Besitzer von der Kette macht ihm **Spaß**.

„Das ist eine gute **Idee**."

Nach zehn Minuten zu Fuß kommen sie an dem Biergarten an. Sie stellen sich an die Theke.

„Zwei Bier und zwei Brezeln mit Obatztem 🛈 ", bestellt Martin bei dem jungen Mann an der Theke.

Dann setzen sich die beiden auf eine Bierbank.

„Ich überlege die ganze Zeit, wer der Fotograf ist", sagt Martin und trinkt einen großen Schluck von seinem Bier.

verliebt	sehr starke Gefühle habend
Kamera *f*	Gerät, das Filme oder Fotos aufnimmt

„Vielleicht jemand aus der Familie?", überlegt Evi.

„Das glaube ich nicht, Evi. Schauen Sie mal. Katharina lacht **verliebt** in die **Kamera**. Ich denke, sie war in den Fotografen verliebt."

„Aber Tom hat gesagt, dass sein Opa das Foto nicht gemacht hat. Wer hat das Foto dann gemacht?" Evi sieht Martin an.

Martin muss lachen. Evi ist wirklich eine schöne Frau. Sie hat grüne Augen und ein schönes Lächeln. Martin mag sie.

„Wollen Sie mir helfen? Zusammen finden wir vielleicht den Fotografen."

„Sehr gern", antwortet Evi.

Nach dem Essen stehen die beiden auf. Es ist jetzt schon 19 Uhr, aber es ist immer noch warm. Evi und Martin wollen ein bisschen zu Fuß gehen. Vielleicht haben sie bei einem Spaziergang die richtige Idee. Sie laufen Rich-

🛈 Brezel mit Obatztem ist ein typischer bayerischer Snack. Die Brezel ist ein salziges Gebäck. Obatzter ist klein gedrückter Camembert mit verschiedenen Gewürzen.

tung Theresienwiese. Hier ist jedes Jahr das große Oktoberfest. Dann kommen Millionen Menschen aus der ganzen Welt hierher und feiern. Aber heute ist es ruhig. Das Oktoberfest beginnt erst im September. Jetzt ist es Anfang Mai.

Übung 4: Richtig oder falsch? Kreuzen Sie die richtigen Aussagen an!

1. Die Frau auf dem Foto heißt Katharina. ☒

2. Evi findet die Geschichte nicht romantisch. ☐

3. Martin bestellt typisch **bayerisches** Essen. ☐

4. Martin findet Evi unsympathisch. ☐

„Vielleicht hat Katharinas große Liebe auf dem Oktoberfest gearbeitet. Und nach dem Oktoberfest ist er in die nächste Stadt gegangen." Evi ist sich ganz sicher. Es gibt eine tolle Geschichte zu der Kette und dem Foto.

„Das ist möglich. Aber wie kommt die Kette dann nach München zurück?", fragt Martin.

Evi fragt: „Sind Sie immer so **realistisch**?"

„Wir wollen den Fotografen finden. Dann können wir nicht nur romantisch denken. Dann müssen wir realistisch sein", sagt Martin.

bayerisch	aus Bayern
realistisch	der Wirklichkeit entsprechend, ohne Fantasie
langweilig	uninteressant

„Aber das ist **langweilig**." Evi sieht ihn böse an. „Geben Sie mir bitte das Amulett!❶", sagt sie und bleibt stehen.

Martin greift in seine Tasche und gibt ihr das Amulett. Evi versucht etwas zu sehen. Aber sie kann nichts **erkennen**.

„Haben Sie ein Handy?", fragt sie Martin.

„Ja", antwortet er.

„Dann machen Sie bitte die **Taschenlampe** an. Vielleicht kann ich dann etwas sehen."

Martin hat keine Idee, was Evi sucht.

„Da! Ich wusste es!" Evi lacht. „Vielleicht haben wir

erkennen	*hier:* deutlich sehen
Taschen-lampe *f*	kleine Lampe, die man in die Tasche stecken kann
Hinweis *m*	Tipp
sich spiegeln	als Spiegelbild erscheinen

einen **Hinweis**." Sie hält Martin das Amulett unter die Nase. „Hier! Sehen Sie! Im Fenster von der alten Post **spiegelt sich** der Fotograf!", ruft Evi aus.

Das stimmt. Martin kann es nicht glauben. Warum hat er das nicht gesehen? Das Gesicht von dem Mann kann man nicht erkennen. Er hat die Kamera vor seinem Gesicht. Aber hinter dem Mann steht ein Auto. Und auf dem Auto steht etwas. Aber Martin kann es nicht lesen. Er braucht seine Lupe. Aber sie liegt in seinem Laden.

> Man benutzt den Imperativ für eine Bitte *(Gib mir bitte die Weißwurst!)* oder einen Befehl *(Mach die Tür zu!)*. Es gibt den Imperativ nur für *du, ihr* und *Sie*. Regelmäßige Konjugation: *Geh* (du) – *Geht* (ihr) – *Gehen Sie* (Sie)!

„Wir fahren in meinen Laden. Dort habe ich eine Lupe. Mit der Lupe kann ich es lesen. Los, kommen Sie!" Zusammen fahren sie mit der Straßenbahn zu Martins Laden.

Übung 5: Imperativ. Ordnen Sie die Wörter zu einem Satz!

1. Kette   mir   Gib   die

   Gib mir die Kette!

2. Sie   Warten   mich   auf   bitte

   _____!

3. Sie   Laden   auf   bitte   Machen   den

   _____!

4. auf   böse   nicht   Sei   mich

   _____!

Es ist 21 Uhr. Die beiden sitzen mit der Lupe über dem Amulett.

„Ich kann nichts auf dem Auto lesen", sagt Evi.

„Schauen Sie hier!" Martin gibt Evi die Lupe.

„Franz Huber. **Maler**", liest Evi. „Das hilft uns

Maler *m*	Handwerker, der etw. mit Farbe streicht, anmalt
enttäuscht	traurig
Generation *f*	*hier:* Altersgruppe in der Familie, z. B. Großeltern, Eltern, Kinder

nicht weiter. Diesen Maler oder seine Firma gibt es sicherlich nicht mehr." Evi sieht **enttäuscht** aus.

„Woher wollen Sie das wissen?", fragt Martin. „Viele Firmen von Handwerkern werden von **Generation** zu Generation weitergegeben. Ich habe mein Geschäft auch von meinem Großvater **geerbt**."

„Aber in München heißt jede zweite Familie Huber🛈", entgegnet Evi.

„**Geben** Sie immer so schnell **auf**?"

„Nein, aber es ist spät

erben	Besitz von einem Verstorbenen erhalten
aufgeben	mit etw. aufhören, nicht weitermachen
Stille *f*	Ruhe
Grund *m*	Motiv
Stadtplan *m*	Karte mit allen Straßen und Plätzen einer Stadt

und wir können nicht die ganze Nacht jeden Huber in München anrufen. Und außerdem muss ich noch ins Restaurant." Evi steht auf und zieht sich ihre Jacke an.

„Sie wollen also nicht mehr wissen, wer der Fotograf ist?" Martin ist ein bisschen traurig. Er unterhält sich gern mit Evi.

„Sie können mich gern besuchen, wenn Sie neue Informationen haben. Aber ich muss jetzt ins Restaurant. Es ist schon spät", sagt Evi. Dann öffnet sie die Tür von Martins Laden und geht hinaus.

Martin steht allein in seinem Laden. Zum ersten Mal mag er die **Stille** nicht. Er möchte Evi wiedersehen. Aber er kann nicht einfach in das Restaurant gehen. Er braucht einen **Grund**. Und der einzige Grund ist das Foto von Katharina. Er greift zum Telefonbuch und sucht den Namen Huber. Es gibt

🛈 Alte Namen in Deutschland kommen oft von Berufen. *Huber* ist ein altes Wort für einen Bauern, der viel Land hat. Andere typische Namen, die auch Berufe sind: *Müller, Schneider, Wagner* oder *Bäcker*.

wirklich sehr viele Huber in München. Aber nur wenige sind auch Malermeister. Martin sucht einen **Stadtplan** von München. Er ist noch nicht müde. Deshalb steht er auf und zieht seine Jacke an.

Er tritt auf die Straße. Es ist jetzt **dunkel**. Er schaut auf den Stadtplan. Die ersten Adressen sind alle nicht weit von seinem Laden. Martin geht zu Fuß. Es ist sehr warm für Mai. Deshalb sind noch viele Leute zu sehen. Vielleicht kommt endlich der Sommer. Das wäre schön, denn der Winter war sehr lang.

Bei den ersten Adressen wohnt kein Huber mehr. ‚Vielleicht suche ich das nächste Mal im Internet', denkt Martin. Aber er benutzt das Internet nicht oft. Er mag alte Sachen. Deshalb hat er auch nur einen sehr alten Computer. Aber er **funktioniert** noch. Man muss nicht immer alles neu kaufen, findet er. Martin ist fast bei der nächsten Adresse. Auf dem Weg muss er immer wieder an Evi denken. Er weiß eigentlich nichts über sie. Den halben Tag waren sie zusammen, aber Martin weiß nur ihren Namen und dass sie ein Restaurant hat. Er möchte so viel über Evi wissen.

Übung 6: Fragesätze. Welches Wort passt in die Lücke? Lesen Sie weiter und ergänzen Sie die Fragen!

1. *Wie* _____ alt ist sie?

2. _____ sie verheiratet?

3. _____ wohnt sie?

4. _____ ist ihre Telefonnummer?

Das alles muss er wissen. Dafür muss er Evi wiedersehen. Es ist fast elf Uhr. Martin steht vor einem alten, großen Haus. Neben dem Haus ist eine lange **Einfahrt**. Am Ende der Einfahrt steht noch ein kleines Haus. Da es dunkel ist, kann Martin nur wenig sehen. Aber es sieht aus wie eine **Werkstatt** oder ein alter Laden. ‚Ob hier noch jemand arbeitet?', denkt Martin. Er will gerade gehen, da öffnet sich im ersten Stock ein Fenster.

dunkel	ohne Licht
funktionieren	intakt sein
Einfahrt *f*	kleiner Weg, der von der Straße zum Haus führt
Werkstatt *f*	Ort, an dem Handwerker arbeiten

„Warum stehen Sie hier? Wollen Sie etwas stehlen? Gehen Sie weg oder ich rufe die __ __ __ __ __ __ __ !"

Übung 7: Buchstabensalat. Wen möchte der Mann rufen? Lösen Sie den Buchstabensalat!

1. Damit können Martin und Evi die Schrift auf dem Wagen lesen: L U P E (EUPL)

2. Stadtteil, in dem Evis Restaurant liegt: ☐ __ __ __ __ __ __ __ __ (GIZMENBOENR)

3. Beruf von Franz Huber: __ __ ☐ __ __ (MLERA)

4. In dem Amulett ist ein Bild von: __ __ __ __ __ ☐ __ __ (INATHAKAR)

5. Wie kommt Martin zu den Adressen aus dem Telefon-

buch? ☐ __ __ __ __ (UZ FßU)

6. Als Martin auf die Straße tritt, ist es

__ __ __ __ ☐ __ (LNEDKU).

7. Martin mag die __ __ ☐ __ __ __ (ITLSEL).

Lösung: ☐P __ __ __ __ __ __

Martin zuckt zusammen und sieht nach oben. Er kann nur einen **Schatten** im Fenster sehen. „Nein! Bitte rufen Sie sie nicht. Ich kann das alles erklären", sagt er.

Schatten *m*	*hier:* Person, die man ohne Licht fast nicht sehen kann
schreien	laut rufen
verschwinden	nicht mehr da sein

Sie oder sie? Im Deutschen gibt es verschiedene Formen von SIE.
Die respektvolle, direkte Anrede für eine oder mehrere Personen: Können Sie mir helfen?
Als 3. Person Singular für eine weibliche Person oder Sache mit dem Artikel die: Kennst du Evi? Sie wohnt in München.
Als 3. Person Plural für mehrere Personen: Kennst du Evi und Martin? Sie wohnen in München.

„Das hoffe ich für Sie", antwortet der Schatten im Fenster.

„Ich suche Franz Huber."

„Was wollen Sie von Franz?"

„Können wir vielleicht an der Tür sprechen? Dann muss ich nicht so **schreien**", sagt Martin.

Der Schatten **verschwindet** vom Fenster. Martin steht

vor dem Haus und wartet. Er will gerade gehen, da öffnet sich die Haustür. Martin kann es kaum glauben. Er

| **verwundert** | über etwas Unerwartetes erstaunt |

kennt den Mann in der Tür. Es ist der Mann aus seinem Laden. Er hat ihm am Morgen das Amulett mit dem Foto von Katharina gebracht.

„Was machen Sie denn hier? Und warum suchen Sie mich?", fragt der Mann **verwundert**.

„Ich suche Sie nicht! Ich suche Franz Huber", sagt Martin.

Übung 8: Antonyme. Finden Sie das Gegenteil! Ordnen Sie zu!

1. [e] fragen   **a)** flüstern
2. [ ] öffnen   **b)** finden
3. [ ] schreien   **c)** ausziehen
4. [ ] anziehen   **d)** schließen
5. [ ] suchen   **e)** antworten

„Ja, genau. Und ich bin Franz Huber!"

„Sie sind Franz Huber?" Martin sieht den Mann an.

„Das habe ich doch gesagt."

„Es geht um das Amulett", sagt Martin.

„Was ist mit dem Amulett? Und woher wissen Sie meinen Namen? Ich soll doch morgen Mittag zu Ihnen kommen. Warum sind Sie hier? Um diese Uhrzeit?"

„Ich habe den Mann auf dem Foto gesucht. Oder den Besitzer von dem Auto hinter dem Fotografen.“

lügen	nicht die Wahrheit sagen
Wahrheit *f*	das Gegenteil von Lüge

„Welcher Fotograf? Sie sollen nur den Preis für die Kette sagen. Ich will die Kette und das Amulett verkaufen. Mehr nicht. Warum interessieren Sie sich so für das Bild?“

„Kennen Sie die Frau auf dem Bild?“

„Die Kette hat meinem Großonkel❶ gehört. Er hat sie immer getragen, bis zu seinem Tod.“

„Ihr Großonkel heißt Franz Huber und Sie heißen auch Franz Huber?“, fragt Martin.

„Ja, meine Mutter hat mir den Namen von ihrem großen Bruder gegeben. Er hatte keine Kinder. Aber ich war für ihn wie ein Sohn.“

„Heute in meinem Laden haben Sie gesagt, dass die Kette Ihrer Tante gehört hat. Warum haben Sie **gelogen**?“

❶ Der Großonkel ist der Bruder der Großmutter oder des Großvaters. Die Schwester der Großmutter oder des Großvaters ist die Großtante.

„Es ist mir sehr unangenehm. Eigentlich möchte ich die Kette nicht verkaufen. Sie war für meinen Großonkel sehr wichtig. Darum habe ich die Kette geerbt. Und nun verkaufe ich sie. Das ist nicht leicht für mich. Deshalb habe ich nicht die **Wahrheit** gesagt. So ist es leichter für mich.“ Franz sieht Martin traurig an.

„Kannte Ihr Großonkel Katharina, also die Frau auf dem Foto?“

„Woher kennen Sie ihren Namen?" Franz Huber ist verwundert. „Verkaufen Sie alte Sachen oder sind Sie Detektiv?"

Martin muss lachen.

Enkelsohn *m*	Sohn der Tochter oder des Sohnes
etw./jn. nie vergessen	*hier:* immer an etw./jn. denken
sprachlos	überrascht und deshalb still

Franz Huber hat recht. Seit heute ist er vielleicht auch ein Detektiv. Martin erzählt ihm von Evi, dem Restaurant und Katharinas **Enkelsohn**.

„Woher kannte Ihr Großonkel Katharina?", fragt Martin.

„Sie war seine große Liebe. Er hat sie **nie vergessen**. Deshalb hat mein Großonkel nie geheiratet. Er hatte auch keine Kinder. Deshalb habe ich alles geerbt. Aber das Geschäft läuft nicht mehr so gut und das alte Haus kostet viel Geld. Ich brauche Geld. Deshalb muss ich die Kette verkaufen."

Übung 9: Richtig oder falsch? Kreuzen Sie die falschen Aussagen an!

1. Martin sucht mit Evi nach dem Malermeister Huber. ☒

2. Es ist dunkel, als Martin aus dem Laden geht. ☐

3. Martin kann den Mann im Fenster erkennen. ☐

4. Martin hat den Mann schon einmal gesehen. ☐

5. Der Großonkel von dem Mann war verheiratet. ☐

Martin ist **sprachlos**. Das alles muss er Evi erzählen. Aber zuerst muss er alles über diesen Großonkel und Katharina wissen. Er kann Franz Huber gut verstehen. Martin hat seinen Laden auch geerbt. Und es ist nicht leicht gegen die großen Firmen. Kleine Firmen sind vielen Menschen einfach zu teuer. Und Martin hat nur wenige Kunden. Er hat schon oft überlegt, ob er seinen Laden für immer schließen soll. Aber er ist nicht allein mit diesen Problemen. Franz Huber geht es genauso.

„Warum hat Ihr Großonkel Katharina nicht geheiratet?"

„Sie waren kein **Paar**. Sie kannten sich seit der **Grundschule**. Katharina hat mit ihrer Familie im Haus gegenüber gewohnt. Sie kannten sich also **fast** ihr ganzes Leben", sagt Franz Huber und zeigt auf ein Haus auf der anderen Straßenseite.

Paar *n*	*hier:* zwei Personen, die sich lieben
Grundschule *f*	Schule für Kinder ab sechs oder sieben Jahren
fast	beinahe, nicht ganz
renovieren	z. B. eine Wohnung erneuern und reparieren
küssen	mit den Lippen berühren
unglaublich	*hier:* kaum zu glauben, unwahrscheinlich
nervös	aufgeregt, unruhig

„In diesem Haus hat Katharina gewohnt?", fragt Martin.
„Ja. Sie sind jeden Morgen gemeinsam zur Schule und am Nachmittag gemeinsam nach Hause gegangen. Mein Großonkel war schon als kleiner Junge in Katharina verliebt. Später hat er Katharina geholfen. Er hat das Restaurant mit ihr **renoviert**."
„Und sie wusste nicht, dass Franz in sie verliebt ist?"
„Er wollte es ihr erzählen. Aber dann hat sie ihren Mann kennengelernt. Er war Gast in ihrem Restaurant. Mein

Großonkel ist in das Restaurant gefahren. Er wollte ihr alles sagen. Aber dann hat er die beiden gesehen. Sie haben sich **geküsst**. Mein Großonkel ist nach Hause gefahren und hat es Katharina nie gesagt."

„Die Geschichte ist wirklich **unglaublich**! Aber ich kann Ihnen helfen. Ich habe eine Idee. Kommen Sie bitte morgen früh in meinen Laden. Ich mache Ihnen einen guten Preis für die Kette."

Es ist fast Nachmittag am nächsten Tag. Martin ist **nervös**.

Übung 10: Nomen. Lesen Sie weiter und ergänzen Sie das passende Nomen!

| Herz | Haltestelle | Restaurant | Fenster | ~~Tasche~~ |

Straße

Immer wieder greift Martin in seine **1.** *Tasche* . Er hat sich extra sein neues Hemd angezogen und noch schnell Blumen gekauft. Jetzt sitzt er wieder in der S-Bahn Richtung Obermenzing. Er kann sein **2.** _____ klopfen hören. Er steigt an derselben **3.** _____ wie gestern aus der S-Bahn aus. Er geht die **4.** _____ entlang. Er atmet tief aus, als er vor dem **5.** _____ steht. Er schaut wieder durch das **6.** _____ .

Das Restaurant hat noch geschlossen, aber hinter der Theke sieht er Evi. Evi sieht ihn und lächelt. Sie kommt auf ihn zu und öffnet die Tür.

„Martin! Schön Sie zu sehen!", begrüßt Evi ihn.

überrascht	verwundert
verlegen	unsicher, schüchtern

Martin macht einen Schritt in den Laden und sieht auf das Bild hinter der Theke. Er gibt Evi die Blumen.

„Sind die Blumen für mich?", fragt sie **überrascht**.

„Ja, ich hoffe, Sie mögen Enzian. Auf der Kette ist auch ein Enzian. Deshalb habe ich ..."

„Sie sind wunderschön", sagt Evi. „Haben Sie etwas Neues?", fragt Evi dann und sieht Martin mit großen Augen an.

„Ja, das würde ich Ihnen gern bei einem leckeren Eis erzählen. Haben Sie Zeit? Hier in der Nähe gibt es ein sehr schönes Eiscafé."

Kurze Zeit später sitzen die beiden mit einem großen Eisbecher auf einer Parkbank. Martin erzählt Evi die ganze Geschichte. Evi hört aufmerksam zu.

„Das ist eine unglaubliche Geschichte", sagt Evi am Ende. „Sehen Sie, ich wusste es sofort. Das Bild und die Kette sind etwas ganz Besonderes."

„Ja, eine unglaubliche Geschichte! Alles ist unglaublich. Auch, dass wir uns kennengelernt haben. Wissen Sie, der Tag gestern war wunderschön." Martin sieht Evi **verlegen** an. Dann greift er in seine Tasche und holt die Kette heraus. Er legt sie Evi um den Hals.

„Vielleicht bringt sie uns mehr Glück als Katharina und Franz", sagt er.

Quer durch Hamburg

Claudia Peter

Inhalt

Die Situation in Hamburg ist heute schwierig. Gestern wurde eine Bank überfallen. Heute findet ein Marathon statt. Tausende von Sportlern und Zuschauern sind in der Stadt. Und mitten unter ihnen ist Leon Hansen. Er trägt eine Pistole, einen schweren Rucksack mit Geld und er hofft, dass ihn niemand erkennt. Was plant dieser Mann?

Personen

Leon Hansen ist 25 Jahre alt. Normalerweise ist er dunkelhaarig, aber seit gestern sind seine Haare blond.

Timmy ist ein Freund von Leon. Timmy und Leon haben sich lange nicht gesehen.

Schauplatz

Hamburg liegt im Norden von Deutschland. Rund 1,8 Millionen Menschen leben hier. Die Elbe verbindet die Stadt mit der Nordsee. Der Hamburger Hafen ist einer der größten Häfen der Welt. Die bekannteste Straße Hamburgs ist die Reeperbahn mit vielen Bars und Nachtclubs.

In der Wohnung ist es hell. Sie liegt im zweiten Stock. Im Wohnzimmer läuft der Fernseher, in der Küche brummt der Kühlschrank und im Schlafzimmer liegt ein Mann im Bett. Er ist etwa 25 Jahre alt, **blond**, groß und schlank. Seine Nase ist breit, sein Mund klein und schmal. Seine Augen sind zu. Er schläft.

Auf dem Nachttisch steht ein kleines Aquarium. Daneben liegen ein Handy und ein **Personalausweis**. Es ist der Personalausweis von Leon Hansen. Auf dem Foto ist er **dunkelhaarig**, seine Augen sind dunkel,

blond	mit hellem Haar
Personalausweis *m*	persönliches Dokument zur Identifikation mit Foto
dunkelhaarig	dunkle Haare habend
schießen	*hier:* mit einer Pistole einen Schuss abgeben

seine Nase ist breit, sein Mund klein und schmal. Der Mann im Bett ist blond, aber – keine Frage – er ist Leon Hansen. Er schläft sehr unruhig. Hände, Füße, Augen und Mund bewegen sich leicht. „Achtung, ich **schieße**! Machen Sie, was ich sage!", sagt er immer wieder im Schlaf.

Übung 1: Richtig oder falsch? Unterstreichen Sie, was richtig ist!

1. Leon Hansen ist wach / schläft .

2. Ein Aquarium steht auf dem Fischmarkt / Nachttisch .

3. Es ist hell / dunkel .

4. Auf dem Foto ist er blond / dunkelhaarig .

Leon Hansen wohnt in der Buttstraße in Hamburg. Nur **ein paar** Meter von Fischmarkt und Hafen entfernt. Auf der Straße sind viele Autos, Busse, Spaziergänger, Radfahrer – Erwachsene und Kinder. Es ist Sonntag, acht Uhr morgens. Für April sind die Temperaturen hoch.

Bank ist ein Wort mit zwei Bedeutungen: Es kann eine Sitzgelegenheit für mehrere Personen bezeichnen und ein Kreditinstitut. Hier wird die zweite Bedeutung verwendet.

Und für Sonntagmorgen sind viele Leute auf der Straße. Das Fenster im Schlafzimmer ist offen. Die Wohnung ist unordentlich. Sehr unordentlich. Auf dem Sofa im Wohnzimmer sind Reste von einer Pizza Margherita. Zeitungen und Bücher liegen auf dem Boden. Im Badezimmer liegt eine Packung **Haarfärbemittel** im Waschbecken. Auf dem Esstisch in der Küche liegen Socken. Im Kühlschrank ist Geld. Im Fernsehen kommen gerade die **Nachrichten**. Der Sprecher liest:

Übung 2: Nomen. Lesen Sie weiter und ergänzen Sie die Nomen!

~~Bank~~ [1]   Euro   Jahre   Mann   **Pistole**   Telefon   Polizei

„Überfall auf die Deutsche **1.** _Bank_ in Hamburg am Adolphsplatz. Mit **2.** _____ und Fahrrad erbeutete ein **Räuber** am Freitag 200.000 **3.** _____. Der Mann ist circa 30 **4. _____** alt, etwa 1,85 Meter groß, schlank und dunkelhaarig. Er trug Sonnenbrille, Schal und Handschuhe. Wer kennt den **5. _____**? **Hinweise** bitte an die **6. _____** Hamburg – **7. _____** 110."

Ein Phantombild[ⓘ] zeigt den Bankräuber. Das Bild ist mehrere Minuten zu sehen. Rund eine halbe Million Menschen sehen es.

Leon Hansen schläft. Er ist Single, aber er wohnt nicht allein. Im Aquarium neben dem Bett schwimmt ein Fisch. Ein Goldfisch. Er ist auch Single. Und er schläft auch. Aber seine Augen sind

ein paar	*hier:* wenige, nicht viele
Haarfärbemittel *n*	Produkt zum Färben von Haaren
Nachricht *f*	Information über Neues, Aktuelles
Pistole *f*	Waffe zum Schießen, Schusswaffe
Räuber *m*	jd., der etw. raubt; Dieb
Hinweis *m*	Tipp
träumen	*hier:* im Schlaf Bilder sehen
Rucksack *m*	Tasche, die man auf dem Rücken trägt

Ein Phantombild ist ein Porträt von einer Person, die die Polizei sucht. Es ist eine Zeichnung (per Hand oder Computer) nach Informationen von Zeugen.

offen. Fische können ihre Augen nicht zumachen. Leon **träumt**:

Er sieht sich dunkelhaarig, mit Schal, Sonnenbrille, Jacke, Hose und **Rucksack**.

Auf dem Fahrrad fährt er durch Hamburg. Am Adolphsplatz hält er direkt vor dem Haus mit der Nummer 7. „Deutsche Bank" steht über der Tür.

Schnell **rennt** Leon in die Bank, zieht seine Pistole und ruft: „Hände hoch! Das ist ein **Überfall**."

rennen	schnell laufen
Überfall *m*	Raub, Angriff
Leiter *m*	Direktor, Chef
sich auf den Boden werfen	sich sehr schnell hinlegen
jm. folgen	hinter jm. hergehen, jm. nachgehen

Alle heben die Hände.

„Geld – alles", sagt Leon, „aber schnell!"

Die Bankangestellte gibt Leon das Geld. Er nimmt es und steckt es in seinen Rucksack. In diesem Moment sieht Leon, dass der **Leiter** der Bank etwas in sein Handy tippt.

Leon reagiert sofort: „Handy weg! Oder ich schieße." Er nimmt dem Mann das Handy weg und hält ihm die Pistole vor die Brust.

Der Leiter der Bank hebt die Hände und sagt: „Sie haben keine Chance. Die Polizei steht vor der Bank und wartet."

Leon schießt in die Luft. Voller Panik **werfen sich** alle **auf den Boden**. Leon nimmt seinen Rucksack mit dem Geld und rennt aus der Bank. Vor der Bank ist keine Polizei. Er setzt sich auf sein Fahrrad und fährt weg. Niemand **folgt** ihm. Alles ist perfekt.

Leon Hansen schießt nicht oft, aber manchmal muss er schießen. Als Bankräuber braucht er eine Waffe. Das geht nicht anders. Leons Pistole, Munition, Pistolentasche, Mütze und Handschuhe liegen auf dem Esstisch in der Küche.

Neben dem Bett steht der Rucksack. Er ist **fast** voll und ziemlich schwer. Alles ist für heute **vorbereitet**. Das Fenster ist offen. Leon schläft immer noch.

Übung 3: Schwarzes Schaf. Welches Wort gehört nicht in die Reihe? Unterstreichen Sie!

1. Schal — Haus — Jacke — Hose

2. Geld — Scheine — Euro — Rucksack

3. Auto — Fahrrad — Bank — Bus

4. Hand — Boden — Fuß — Kopf

Vor dem Haus spielen ein paar Mädchen und Jungen Fußball. Sie lachen und **schreien**. Leon hört sie nicht. Er schläft. **Plötzlich** fliegt der Fußball sehr hoch und direkt durch das Fenster in Leons Wohnung gegen den Schrank im Schlafzimmer. Leon wacht sofort auf und reagiert, ohne zu denken: Er springt aus dem Bett, rennt in die Küche, nimmt die Pistole vom Esstisch und läuft schnell ins Schlafzimmer zurück. Auf dem Weg zum Fenster sieht Leon den Ball – nur wenige Zentimeter neben dem Aquarium auf dem Boden. Und er kombiniert schnell: Kein Problem! Nur Kin-

fast	beinahe, nicht ganz
etw. vorbereiten	etw. fertig, geeignet machen
schreien	laut rufen
plötzlich	auf einmal, unerwartet

der auf der Straße! Er atmet **erleichtert** auf und setzt sich aufs Bett. Erst jetzt sieht er die Pistole in seiner Hand, **erschrickt** und sagt leise: „Oh nein! Ganz ruhig! Hier brauche ich keine Waffe."

Leon legt die Pistole neben sich aufs Bett, steht auf, geht zum Fenster und schaut hinaus. Viele Erwachsene sind auf der Straße. Kinder sieht er nicht. ‚Sie haben sich sicher **versteckt**‘, denkt Leon.

erleichtert	Gefühl, wenn Sorgen und Ängste vorbei sind
erschrecken	einen Schreck bekommen, schockiert sein
verstecken	verbergen, nicht zeigen
erkennen	*hier:* identifizieren

Er weiß nicht, was er mit dem Ball machen soll, und lässt ihn einfach liegen. Die Pistole auch. Der Goldfisch ist jetzt wach. Er schwimmt langsam um die Wasserpflanzen herum. Leon holt in der Küche etwas Fischfutter, wirft es ins Aquarium und sagt: „Guten Morgen, Fisch!" Das Tier hat keinen Namen. Für Leon ist ein Fisch als Haustier ideal, denn beide sind sehr ruhige Typen. Leon sieht auf die Uhr. Es ist schon fast halb neun. Schnell zieht er T-Shirt und Hose an. Beide sind schwarz. Er ist blond. Seit gestern. ‚So **erkennt** mich nicht einmal meine Mutter‘, denkt Leon und lacht.

Er hat Hunger. Aber zu Hause frühstücken kann er nicht, denn im Kühlschrank sind nur Geld, ein paar Flaschen Mineralwasser, Bier und Senf[i]. Er macht den Fernseher aus. Es ist kurz nach neun. Leon zieht Jacke und Handschuhe an.

> Senf ist eine Pflanze. Aus ihren Samen macht man eine gelbe Paste – ein Gewürz, das sehr scharf sein kann. In Deutschland isst man Senf vor allem zu Wurst.

Beide sind schwarz. Aus dem Kleiderschrank holt er eine Jeans und ein Hemd. Beide sind weiß. Danach nimmt er das Geld aus dem Kühlschrank und steckt die Kleider und die Scheine in den Rucksack. Dann nimmt er Handy, Personalausweis und Rucksack und geht aus dem Haus. Die Pistole trägt er in der Pistolentasche am

Gürtel *m*	Band, das um Taille oder Hüfte getragen wird
nervös	aufgeregt, unruhig
eigentlich	*hier:* normalerweise, im Grunde
Marathon *m*	Lauf über rund 42 Kilometer
Chaos *n*	totales Durcheinander, Unordnung
eilig	in Eile, schnell

Gürtel unter der Jacke. Er setzt die Sonnenbrille auf. Die Mütze zieht er tief ins Gesicht. Niemand soll ihn erkennen.

Leon Hansen ist **nervös**. Er muss schnell in die Davidstraße. Das ist nicht weit – kaum ein Kilometer – und **eigentlich** kein Problem, aber heute ist die Stadt voll. Sehr voll. Der Hamburg-**Marathon** findet statt. Rund 13.000 Läufer und über eine Million Zuschauer sind auf den Straßen Hamburgs. Menschen aus aller Welt! Das **Chaos** stört Leon. Denn er hat es **eilig**. Und er hat Hunger.

So schnell wie möglich geht Leon in die Große Elbstraße. Genau gegenüber der Auktionshalle beim Fischmarkt ist ein Bistro-Café. Es ist fast leer. Leon geht hinein und setzt sich ans Fenster. Den Rucksack stellt er unter den Tisch zwischen seine Beine. Seine Sonnenbrille legt er auf den Tisch. Aber die Mütze nimmt er nicht ab. Er zieht sie weit ins Gesicht. So kann ihn niemand erkennen, hofft er.

Übung 4: Verben mit Präfix. Ergänzen Sie die Präfixe!

an	aus	statt	~~auf~~

1. Leon wacht sofort _auf_ .

2. Er zieht T-Shirt und Jeans _____ .

3. Er macht den Fernseher _____ .

4. Der Hamburg-Marathon findet _____ .

„Bitte sehr?", fragt die **Kellnerin**. Sie lächelt sympathisch.

„Guten Morgen. Bitte eine Cola und ein Brötchen mit **Hering**", bestellt Leon. Er sieht die Frau nicht an.

„Eine Cola und ein Fischbrötchen – kommt sofort", sagt die Kellnerin freundlich.

Sie zeigt mit dem Finger auf den Rucksack, dann auf einen Stuhl neben Leon und meint: „Der Rucksack unter dem Tisch, ist das nicht sehr unbequem? Stellen Sie ihn doch hier auf den Stuhl."

„Nein, kein Problem", antwortet Leon schnell.

„Wie Sie wollen", sagt die sympathische Kellnerin und geht.

Leon kontrolliert mit der Hand die Pistolentasche unter der Jacke und dann

Kellner/ **Kellnerin** *m/f*	jd., der in einem Restaurant das Essen und Trinken bringt
Hering *m*	Fischart
schwitzen	Schweiß absondern

seine Mütze. Alles sitzt perfekt. Alles ist okay. Er **schwitzt**.
Leon sieht aus dem Fenster. Er denkt an das, was er heute

machen wird. In seinem Kopf wiederholt er immer wieder: ,Achtung, ich schieße! Machen Sie, was ich sage!' Nervös kontrolliert er seine Pistole unter der Jacke. Alles perfekt.

chaotisch	nicht geordnet, unkontrolliert
etw. blockieren	verhindern, dass sich etw. bewegt/ etw. versperren

„So, bitte! Cola und Fischbrötchen." Die Kellnerin bringt Leon seine Bestellung, serviert, sieht Leon direkt ins Gesicht und fragt: „Kennen wir uns nicht?"

„Nein", sagt Leon nur und schaut zum Fenster hinaus.

Doch die Frau redet weiter: „Wollen Sie nicht Ihre Mütze abnehmen? Es ist heute sehr warm." Sie sieht ihn intensiv an.

„Nein, das will ich nicht", antwortet Leon unfreundlich, „ich will hier nur schnell frühstücken."

„Und ich will nur nett sein. Aber gut: Sie müssen wissen, was Sie wollen." Die Kellnerin ist jetzt auch nicht mehr freundlich. Ohne zu lächeln, geht sie zu einem anderen Tisch und serviert dort. Sie hat Leon nicht erkannt. Wie gut, denkt er und lächelt kurz.

Leon isst, trinkt und schwitzt. Heute kann er sein Frühstück nicht genießen. Immer wieder sind in seinem Kopf die Sätze, die er heute noch sagen muss: ,Achtung, ich schieße! Machen Sie, was ich sage!'

Er kann nichts anderes denken. Er isst und trinkt schnell. Nach kaum zehn Minuten ist Leon wieder auf der Straße. Aber die Situation ist hier jetzt noch **chaotischer**. Marathonläufer und Publikum **blockieren** die Stadt fast komplett. Leon ist nervös. In so einem Chaos kann man schnell die Kontrolle verlieren. Viele Leute – viele Probleme! Er kann sich in der Masse nur sehr langsam bewegen. Überall sind Menschen, überall ist Polizei. Viele Straßen sind **gesperrt**. Er sieht auf die Uhr. Es ist halb zehn.

Übung 5: Uhrzeit. Was passt zusammen?

1. [b] halb zehn   **a)** 7.30 Uhr

2. [ ] halb acht   **b)** 9.30 Uhr

3. [ ] halb eins   **c)** 8.30 Uhr

4. [ ] halb neun   **d)** 12.30 Uhr

In 30 Minuten muss er in der Davidstraße sein. Schnell kontrolliert er seine Pistole. Sein Rucksack drückt schwer auf Schultern und Rücken. Im **Schneckentempo** geht er durch die Menge. Er glaubt, alle schauen ihn an. Deshalb will er seine Sonnenbrille aufsetzen. Er sucht sie in allen Hosen- und Jackentaschen. Aber er findet sie nicht. Er hat die Brille im Bistro-Café liegen lassen. „Dann eben ohne Sonnenbrille", sagt er leise. Fast im selben Moment erschrickt er sehr.

Denn direkt neben ihm informiert ein **Polizist** die Leute und ruft: „Augen auf

gesperrt	geschlossen, Durchfahrt verboten
⚡ **Schneckentempo** *n*	sehr langsame Geschwindigkeit
Polizist/ Polizistin *m/f*	jd., der für die Polizei arbeitet

– Taschen zu! Bitte achten Sie auf Ihre Wertsachen! Hier sind Sportler, Zuschauer und leider auch **Taschendiebe**! Also: Augen auf – Taschen zu!"

Leon nimmt seinen Rucksack vom Rücken und trägt ihn vor dem Bauch. Eine Hand hat er an der Pistole, die andere am Rucksack. Die vielen Menschen **nerven** Leon. Und dann stellt sich auch noch ein Mann mit **Mikrofon** und **Kamera** direkt vor ihn. Leon fürchtet, der Mann hat ihn erkannt. ‚Bitte nicht', hofft Leon. ‚Jetzt nicht.' Leon hofft richtig. Es ist ein **Zufall**.

„Haben Sie kurz Zeit? Nur ein paar Sekunden. Wir befragen das Publikum über den Marathon heute in der Stadt. Wir machen Interviews fürs Fernsehen."

„Ich habe keine Zeit", sagt Leon kurz und zieht seine Mütze fast über die Augen. Jetzt bloß kein Interview! Wenn sie ihn vor der Kamera haben und er spricht, erkennen sie ihn, fürchtet Leon.

Taschendieb/ Taschendiebin *m/f*	jd., der Geld und Wertsachen stiehlt
⚡ **nerven**	stören, nervös machen
Mikrofon *n*	Gerät, das Töne aufnimmt
Kamera *f*	Gerät, das Filme oder Fotos aufnimmt
Zufall *m*	etw., das ohne Plan passiert
sich umdrehen	*hier:* Richtung wechseln, wenden

„Nur eine Frage. Das dauert keine Minute", fragt der Reporter noch einmal.

„Nein", sagt Leon schnell, geht weiter und denkt: ‚Achtung, ich schieße! Machen Sie, was ich sage!' Aber er sagt nichts.

„Ist ja gut", meint der Mann vom Fernsehen, **dreht sich um** und fragt freundlich eine Zuschauerin: „Wir sind vom Fernsehen – Guten Tag! Haben Sie einen Moment Zeit?"

Übung 6: Adjektive. Lesen Sie weiter und ergänzen Sie die fehlenden Adjektive!

| aktiv | genervt | ~~schnell~~ | langsam | voll |

Leon möchte **1.** _schnell_ weiter. Aber er kommt nur **2.** _____ vorwärts. Überall sind Marathonläufer und Publikum. Immer noch hat er eine Hand an der Pistole, die andere am Rucksack. Er schwitzt. Seine Mütze **rutscht**. Erwachsene und Kinder sind sehr **3.** _____. Sie gehen, stehen, **hüpfen**, sprechen, lachen, rufen, fotografieren. Hamburgs Straßen sind heute **4.** _____ und laut wie nie. Nur sehr langsam kommt Leon durch die Menge. Er ist **5.** _____. So viele Menschen – und er **mittendrin**. Das mag Leon nicht.

„He, du! Halt! Hände hoch!", ruft plötzlich ein Mann nur ein paar Meter von Leon entfernt und zeigt mit dem Finger direkt auf ihn.
Leon bleibt stehen und hat die Hand fest an der Pistole. Seine Mütze rutscht ihm aus der **Stirn** und seine Haare sind zu sehen.

rutschen	langsam die Position verändern, sich bewegen
hüpfen	kleine Sprünge machen, springen
mittendrin	zwischen anderen, in der Mitte
Stirn *f*	Teil des Gesichts über den Augen

„Warum sagst du denn nichts? Na ja, privat bist du ja immer sehr **still**, aber ... Mensch, kennst du mich denn nicht mehr?"

still	ruhig
keine Ahnung haben	nichts wissen
Kindheit *f*	Zeit, als man ein Kind war

Der Mann steht jetzt direkt vor Leon.

„Nein, ich kenne Sie nicht. Ich habe keine Zeit", erklärt Leon. Er will weitergehen. Aber er kann nicht.

Der Mann blockiert ihm den Weg und sagt: „Du bist normalerweise dunkelhaarig, aber ich erkenne dich genau. Ich weiß, wer du bist. Du bist Leon – Leon Hansen –, nicht wahr?"

Leon kann es nicht glauben. Der Mann hat ihn erkannt. Was will er? Wer ist er? Leon **hat keine Ahnung**.

„Ich kenne Sie nicht, bitte entschuldigen Sie mich", sagt Leon unfreundlich. Er möchte weitergehen. Aber der Mann lässt ihn nicht und ruft laut: „Kidnapper! Räuber!"

Zum Glück ist es auf der Straße sehr laut und die Leute können den Mann nicht hören.

Leon sagt leise, aber bestimmt: „Schluss jetzt! Lassen Sie mich! Was wollen Sie denn?"

„Mensch! Du bist es doch! Leon, der Kidnapper. Der Kidnapper von unserem Hund. Du warst der Räuber der Puppe meiner Schwester! Erkennst du mich endlich?"

Jetzt weiß Leon, wer der Mann ist: Es ist Timmy, sein Freund aus der **Kindheit**.

„Timmy – du?", fragt Leon. Er kann es nicht glauben.

„Ja, Leon, ich." Der Mann lacht.

„Mensch, Timmy – was machst du heute hier?"

„Kein Kidnapping, kein Raub ..." Der alte Freund lacht herzlich und fragt: „Wann sehen wir uns mal, Leon?"

„Gib mir deine Nummer, Timmy. Ich melde mich", sagt Leon und nimmt schnell sein Handy.

„Vier neun eins sieben eins drei ...", diktiert der Freund.

Leon tippt Nummer und Name ein.

„Gibst du[1] mir auch deine?", fragt Timmy.

„Ich **melde** mich", sagt Leon nur. Dann umarmen sich die Freunde kurz und beide gehen weiter: Leon die Straße Pepermölenbek nach Norden, Timmy nach Süden.

Übung 7: Richtig oder falsch? Unterstreichen Sie die passende Information!

1. Leon und Timmy sind Freunde aus der Kindheit / dem Studium .

2. Sie haben als Erwachsene viel / keinen Kontakt.

3. Timmy / Leon gibt dem Freund seine Nummer.

4. Sie gehen nicht zusammen / zusammen weiter.

Bald überquert Leon die Trommelstraße. In einem Park bleibt Leon stehen. Er nimmt den Rucksack vom Bauch und trägt ihn wieder auf dem Rücken. Leon ist allein in dem Park. Er atmet ruhig und nimmt seine Mütze ab. Endlich kann er so schnell gehen, wie er will. Er rennt fast. Doch plötzlich hört Leon hinter sich eine Stimme: „Hände hoch, das ist ein Überfall!"

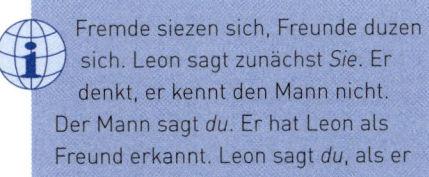

Fremde siezen sich, Freunde duzen sich. Leon sagt zunächst *Sie*. Er denkt, er kennt den Mann nicht. Der Mann sagt *du*. Er hat Leon als Freund erkannt. Leon sagt *du*, als er den Freund auch erkannt hat.

,Bitte nicht. Was ist heute bloß los?' Leon bleibt stehen. Er kann niemanden sehen. Die Person ist hinter Leon. ,Alle Polizisten arbeiten heute beim Marathon. Und hier im Park ist natürlich jetzt keiner. Das wissen Kriminelle ganz genau', denkt Leon.

„Mensch, und ich weiß das eigentlich auch ganz genau", sagt er leise und ärgert sich über sich selbst. In seinem Kopf ist wieder der Text für später: ,Achtung, ich schieße! Machen Sie, was ich sage!' Aber er sagt nichts und hebt langsam die Hände. ,**Hoffentlich** sehen sie meine Pistole unter der Jacke nicht', denkt er. Nach ein paar Sekunden hört er hinter sich mehrere Personen lachen. Leon dreht sich um. Jugendliche laufen aus dem Park.

Leon sagt: „Kinder, Kinder, Kinder! Heute Morgen der Ball in meinem Schlafzimmer und jetzt hier im Park dieser **Schreck**! Was für ein Tag." Er geht schnell weiter. Die nächste große Straße ist die Reeperbahn. Hier gibt

sich melden	kontaktieren, Nachricht geben
hoffentlich	wie ich hoffe
Schreck *m*	Schock, Angst
Spielhalle *f*	Raum mit Spielautomaten mit Geldgewinnen
Nagelstudio *n*	Geschäft für Maniküre und künstliche Fingernägel

es jede Menge Bars, Tattoo-Studios, **Spielhallen**, Dessous-Geschäfte, Kinos, **Nagelstudios** und anderes.

Als Leon auf der Reeperbahn ist, klingelt sein Handy. Es ist seine Mutter.

„Mama, es ist gerade ganz schlecht", sagt Leon unfreundlich.

„Ich weiß. Es ist immer ganz schlecht bei dir, mein Sohn. Ich will nur wissen: Alles klar mit dem Banküberfall?"

„Ja, Mama, alles klar. Äh, ich kann jetzt wirklich nicht reden. Ich rufe dich später an. Okay, Mama?"

Pass auf dich auf!	Sei vorsichtig!
Polizeirevier n	Gebäude, in dem die Polizei ihre Büros hat
an etw. vorbeiführen	neben etw. verlaufen, entlanggehen
die Nerven verlieren	durchdrehen, die Ruhe verlieren
Ziel n	*hier:* Ort, zu dem man kommen will

„Ja. **Pass auf dich auf**, mein Junge!"

Leon legt auf. Er sieht auf die Uhr. Noch fünf Minuten. Auf der Reeperbahn sind viele Leute. Er geht, so schnell er kann. Endlich ist Leon in der Davidstraße. Er steht fast vor dem **Polizeirevier**, besser bekannt als Davidwache [i].

Aber wieder kommt er nicht weiter. Denn der Hamburg-Marathon **führt** direkt **an** dem Polizeirevier **vorbei**. Leon **verliert** fast **die Nerven**. So nah am **Ziel**. Nur ein paar Meter. Schon möchte er rufen: „Achtung, ich schieße! Machen Sie, was ich sage!" Aber im letzten Moment kann er sich kontrollieren.

Eine Frau schaut ihn freundlich an und drückt ihm ihr Handy in die Hand. Leon denkt: ‚Jetzt ist es passiert – sie hat mich erkannt.'

Die Davidwache ist das Polizeirevier im Hamburger Stadtteil Sankt Pauli. Sie ist bekannt aus TV-Serien und Filmen.

Aber die Frau sagt nur: „Oh, das Polizeirevier, die Davidwache. Hier drehen sie oft TV-Serien und Filme. Ich kenne alle. Können Sie bitte hier vor der Davidwache ein Foto von mir machen?"

Übung 8: Verben. Lesen Sie weiter und ergänzen Sie die Verben!

fotografiert   gibt   lächelt   ~~möchte~~   wollen

„Gut, dass sie kein Selfie mit mir   **1.** *möchte* ', denkt

Leon. Denn das **2.** _____ normalerweise alle.

Er **3.** _____ die Touristin schnell. Die Frau

4. _____ sehr sympathisch. Aber Leon sieht es

gar nicht. Er **5.** _____ ihr das Handy zurück

und versucht, so schnell wie möglich zur Davidwache zu

kommen.

Endlich! Leon hat es **geschafft**. Er ist direkt vor dem Polizeirevier. Aber er geht nicht hinein. Er geht zu einer Gruppe von Menschen links neben dem Gebäude.

„Achtung, das ist ein Überfall!", sagt Leon und zieht die Mütze vom Kopf. Eine Frau mit Headset am Ohr und **Drehbuch** in der Hand lacht. Auf ih-

etw. schaffen	*hier:* etw. zu Ende, ans Ziel bringen
Drehbuch *n*	Textbuch eines Films mit Anweisungen für Schauspieler und Regie

rem Stuhl steht: „Regie". Die Frau ist Leons **Regisseurin**.
Sie ruft: „Unser Bankräu-
ber – pünktlich wie im-
mer!"

Leon lacht auch.

Die Regisseurin zeigt auf
Leons Kopf: „Und heute,
lieber Herr Hansen, sind

Regisseur/ Regis- seurin *m/f*	jd., der Filmauf- nahmen leitet
Szene *f*	*hier:* Teil einer Handlung im Film
Maske *f*	*hier:* Ort, an dem man beim Film usw. die Leute schminkt

Sie blond. So will es das Drehbuch. Sie sehen total anders
aus. Und das passt super für die **Szene** heute. Wie geht es
Ihnen?"

Leon zeigt auf sein Gesicht und stöhnt: „Oh, sehen Sie? Ich
schwitze. Ich muss in die **Maske**. Der Marathon, so viele
Leute ..."

Übung 9: Richtig oder falsch? Drei Antworten sind
richtig. Kreuzen Sie an!

1. ☐ Leon ist Bankräuber.

2. ☒ Leon ist Schauspieler.

3. ☐ Sie drehen einen Film.

4. ☐ Die Frau mit Headset ist Leons Regisseurin.

Die Regisseurin setzt sich neben Leon und sagt: „Was für
ein Zufall – finden Sie nicht? Wir drehen seit ein paar Wochen einen Krimi über einen Banküberfall in Hamburg.
Und was passiert letzten Freitagmittag genau in dieser

Stadt? Ein Banküberfall! **Fiktion** und **Realität** liegen oft so nah beisammen."

Leon nickt. Normalerweise spricht er privat nicht viel, aber heute redet er: „Ja, das können Sie laut sagen. Heute Morgen haben Kinder vor meiner Woh-

Fiktion f	etw., das nur in der Fantasie existiert
Realität f	Wirklichkeit
Rolle f	*hier:* Figur, die der Schauspieler verkörpert
Attrappe f	Kopie, Nachbildung
Idee f	Gedanke, Einfall
Einstimmung f	mentale, psychische Vorbereitung auf etw.

nung gespielt und der Ball ist durchs Fenster in mein Schlafzimmer geflogen. Und wissen Sie, was ich gemacht habe?"

„Nein." Die Regisseurin sieht Leon interessiert an.

„Ich bin aus dem Bett gesprungen und habe, ohne zu denken, meine Pistole genommen. Was sagen Sie dazu?"

Im ersten Moment lacht die Regisseurin und sagt: „Als Schauspieler kann man Fiktion und Realität nicht immer trennen. Sie sind voll in Ihrer **Rolle**. Klar, Sie sind zurzeit Bankräuber mit Leib und Seele🛈. Sie sind ein guter Schauspieler ..."

Doch mitten im Satz hört die Regisseurin auf zu sprechen und fragt erschrocken: „Haben Sie die Pistole, äh, die **Attrappe** etwa am Freitagabend mit nach Hause genommen? Nach den Dreharbeiten?"

„Ja. Und ich trage sie seit heute Morgen am Pistolengürtel.

🛈 *Mit Leib und Seele* bedeutet, dass ein Mensch eine Sache zu 100 Prozent macht, mit vollem Einsatz, sehr engagiert und intensiv.

Den Rucksack trage ich übrigens auch. Ich dachte, das ist eine gute **Idee**. Als **Einstimmung** auf meine Rolle heute. Als Training für die Szene heute. Aber es war **Stress** pur!"

„Mensch, Herr Hansen! Sind Sie **verrückt**? Das ist verboten. Attrappen von Waffen darf man nicht in der Öffentlichkeit tragen. Auch Sie nicht! Und das wissen Sie. Sie sind jung, Sie sind ein Schauspieler. Alle in Deutschland kennen Sie. Aber auch Sie müssen sich an die **Gesetze** halten."

„Ja. Sie haben recht. Tut mir leid. Das mache ich nie wieder. Aus Fehlern lernt man."

Stress *m*	Anspannung, seelischer Druck
verrückt	*hier:* dumm, nicht vernünftig
Gesetz *n*	Norm, Vorschrift
bar	mit Münzen und Papiergeld

„Ja, intelligente Menschen lernen aus ihren Fehlern", sagt die Regisseurin und lächelt jetzt wieder.

Leon lächelt auch und zeigt auf seinen Rucksack: „Ich habe Kleidung zum Umziehen dabei. Nach so vielen Tagen in den schwarzen Klamotten als Bankräuber habe ich heute Abend Lust auf Weiß. Wir gehen heute Abend alle zusammen einen trinken. Heute ist doch unser letzter Drehtag und heute Abend möchte ich alle einladen. Ich habe Geld dabei, in meinem Rucksack. Ich zahle immer **bar**. Was meinen Sie?"

Die Regisseurin wundert sich, denn Leon ist privat normalerweise sehr still und sucht keinen Kontakt zu den Kollegen. Aber sie lächelt freundlich und antwortet: „Gern, Herr Hansen, das machen wir. Ich sage es allen. Aber erst an die Arbeit! Wir drehen jetzt eine Szene hier vor der Davidwache. Alles ist abgesperrt. Alles ist vorbereitet. Ihre

Rolle, Herr Hansen, ist klar: Sie sind der Bankräuber. Die Polizei **verfolgt** Sie und will Sie hier vor der Davidwache **festnehmen**. Viele Leute sind auf der Straße, weil Marathon ist. Sie **bedrohen** alle mit Ihrer Pistole und rufen: ‚Achtung, ich schieße! Machen Sie, was ich sage!' Sofort rennen dann Polizisten zu Ihnen, werfen Sie auf den Boden

jn. verfolgen	*hier:* hinter jm. hergehen, herfahren
jn. festnehmen	jn. verhaften, ins Gefängnis bringen
jn. bedrohen	jm. Angst machen
Ton *m*	alles, was man hört

und nehmen Sie fest. Das ist die Szene. Ist alles klar, Herr Hansen?"

„Ja, ich kenne das Drehbuch." Leon nickt. Er ist voll in seiner Rolle. „Wir können beginnen."

Die Regisseurin hebt die Hand: „**Ton** läuft! Kamera ab! Und bitte!"

Berliner Erinnerungen

Nina Wagner

Inhalt

Felix geht jeden Tag am Wannsee spazieren. Jedes Mal sieht er am Ufer einen alten Mann allein auf einer Bank sitzen. Durch einen Zufall lernen die beiden sich kennen. Der alte Mann erzählt Felix aus seinem Leben. Eine Geschichte, die Felix fasziniert und seine Sicht auf die Welt verändert.

Personen

Felix ist ein junger Mann und arbeitet in einem Restaurant. Er hat nur wenige Freunde in Berlin. Aber er hat Leo, seinen Hund.

Der alte Mann sitzt jeden Tag am Ufer des Wannsees. Auf seinem Schoß hat er immer eine Schachtel voller Erinnerungsstücke.

Schauplatz

Der Wannsee liegt nicht weit außerhalb von **Berlin**. Berlin ist die Hauptstadt von Deutschland. Besonders die Menschen aus der Stadt lieben die Natur am Wannsee.

Felix ist ein junger Mann und kommt **eigentlich** aus Hamburg. Er ist zum Arbeiten nach Berlin gezogen. Er arbeitet dort als Koch in einem sehr guten Restaurant. Er muss immer am Abend und am Wochenende arbeiten. Deshalb kennt er nicht viele Leute in Berlin. Die Freunde von Felix wohnen noch in Hamburg. Er kann sie nicht oft sehen. Am Anfang war er etwas **einsam**. Tagsüber hat er nicht gearbeitet. Aber am Tag arbeiten **fast** alle. Man kann so nur sehr schwer Leute kennenlernen.

eigentlich	*hier:* normalerweise, im Grunde
einsam	allein und unglücklich
fast	beinahe, nicht ganz
Ruhe *f*	ohne Lärm und Hektik
aufpassen	vorsichtig sein
klauen	stehlen, wegnehmen

Dann hat er seinen Hund Leo bekommen. Leo war der Hund von seiner Nachbarin in Berlin. Aber sie ist nach München gezogen. Leo konnte nicht mit. Seitdem wohnt Leo bei Felix und die beiden sind gute Freunde. Mit einem Hund lernt man schnell Leute kennen. Leo und er gehen oft am Wannsee ⓘ spazieren.

Der Wannsee liegt in der Nähe von Berlin. Felix mag die **Ruhe** hier im Herbst. Im Sommer ist es sehr voll. Im Sommer kommen Touristen und Berliner an den Wannsee. Sie schwimmen, spielen, grillen und sonnen sich. Die vielen Campingplätze um den See sind dann voll und es ist sehr laut. Da muss Felix immer **aufpassen**, sonst **klaut** Leo eine

ⓘ Der Wannsee liegt am Rande von Berlin und ist ein beliebtes Ausflugsziel. Der See ist 26,7 km² groß. Ein Teil der Berliner Mauer lief auch am Wannsee entlang.

Wurst vom Grill oder einem Kind das Eis. Aber heute ist es sehr ruhig. Es ist Anfang September. Der Herbst hat angefangen und bunte Blätter hängen an den Bäumen.

Übung 1: Verbformen. Lesen Sie weiter und ergänzen Sie die Verben in der richtigen Form!

Felix und Leo **1.** gehen _gehen_ schon seit vielen Jahren am See entlang. Felix **2.** kennen _____ den See zu allen Jahreszeiten und auch seine Besucher. Auch an diesem Morgen **3.** sein _____ Felix nicht allein. Wie jeden Morgen **4.** sitzen _____ ein alter Mann auf der Bank direkt am Wasser. Der Mann ist jeden Morgen dort und **5.** schauen _____ auf das Wasser.

Der alte Mann ist immer allein. Felix fragt sich oft: Wer ist der Mann? Warum ist er allein? Aber er hat noch nie mit ihm gesprochen. Auch heute **überlegt** Felix. Soll er den alten Mann **ansprechen**? Vielleicht möchte er aber nicht reden. Vielleicht möchte er einfach auf der Bank sitzen und auf das Wasser schauen. Felix bleibt auch heute nicht stehen. Er beendet seinen Spaziergang mit Leo und geht zurück zum Parkplatz. Nach einer halben Stunde kommt er an seinem Auto an. Aber Leo hat **plötzlich** etwas gesehen. Es dreht sich um und läuft einfach weg. Über den Parkplatz, zurück an das Seeufer.

„Bleib stehen!", ruft Felix laut.

Aber Leo hört ihn nicht. Er läuft immer weiter.

„Leeoooooo!!"

Felix schließt schnell den Kofferraum seines Autos und läuft hinter Leo her.

überlegen	nachdenken, sich Gedanken machen
jn. ansprechen	ein Gespräch mit jm. beginnen
plötzlich	auf einmal, unerwartet
nervös	aufgeregt, unruhig
hoffentlich	wie ich hoffe
Leine *f*	Band, um mit Hunden spazieren zu gehen
gemütlich	bequem, in aller Ruhe

Aber Leo ist schnell. Felix kann ihn nicht mehr sehen. Wo ist dieser Hund? Felix ist sehr **nervös**. Er läuft und ruft immer wieder. Aber er kann Leo nicht finden. **Hoffentlich** ist nichts passiert. Leo läuft nie weg, deshalb🛈 braucht er auch keine **Leine**.

„Leo! Wo bist du?" Felix bleibt stehen. Er bekommt kaum Luft. Normalerweise läuft er nie. Eigentlich ist er eher etwas unsportlich. Felix sitzt lieber mit Leo **gemütlich** auf dem Sofa und sieht fern. Sport war noch nie sein Hobby.

🛈 *Deshalb* verbindet zwei Hauptsätze. Im ersten Satz steht der Grund. Im zweiten Satz die Folge/Konsequenz. In beiden Sätzen steht das Verb auf der zweiten Position.
Es ist kalt (Grund), *deshalb ziehe ich eine Jacke an* (Konsequenz).

Felix läuft den Weg zurück. Vielleicht ist Leo hier.

„Haben Sie einen Hund gesehen?", fragt Felix jeden Spaziergänger.

Aber niemand kann ihm helfen. Niemand hat Leo gesehen. Felix läuft weiter. Er läuft fast den ganzen Weg zurück. Dann bleibt er stehen. Da ist er! Da ist Leo!

streicheln	über etw. streichen, sanft berühren
Schachtel *f*	kleine Kiste, kleiner Karton
wertvoll	von großem Wert

Er hat seinen Hund gefunden. Felix kann es kaum glauben. Leo sitzt direkt am Ufer. Aber was macht er da? Er sitzt neben der Bank. Der alte Mann sitzt immer noch auf der Bank und schaut auf das Wasser. Aber mit seiner rechten Hand **streichelt** er Leo.

Felix bleibt einen kurzen Moment stehen. Dann geht er langsam auf die beiden zu. Ein schönes Bild: Beide sitzen ganz ruhig nebeneinander und schauen auf das Wasser. Sie sehen aus wie alte Freunde.

„Leo", sagt Felix. „Da bist du ja! Was machst du denn hier?"

„Ist das Ihr Hund?", fragt der alte Mann.

„Ja. Entschuldigen Sie bitte. Er läuft nie weg. Ich weiß nicht, warum er weggelaufen ist", antwortet Felix.

„Er war plötzlich da. Und dann hat er sich neben mich gesetzt", sagt der alte Mann und sieht Felix an.

Er muss circa 70 Jahre alt sein. Endlich sieht Felix den Mann einmal von vorn. Dabei fällt ihm etwas auf. Der Mann hat eine **Schachtel** auf seinen Beinen stehen. Sie ist aus Holz und sieht alt und **wertvoll** aus. ‚Was ist in dieser Schachtel? Und warum nimmt er sie mit an den See?', denkt Felix.

„Darf ich mich kurz setzen?", fragt Felix. Er braucht eine kleine Pause.

„Gern! Ich freue mich, wenn ich mit jemandem reden kann. Das passiert leider nicht mehr oft", antwortet der alte Mann und lächelt.

„Ich sehe Sie oft auf der Bank sitzen. Ich gehe hier immer mit meinem Hund spazieren", sagt Felix.

„Ja, das ist mein Lieblingsplatz. Ich komme oft hierher und **träume** mich in die **Vergangenheit**."

träumen	*hier:* der Fantasie folgen, Gedanken schweifen lassen
Vergangenheit *f*	Zeit, die vorbei ist
neugierig	interessiert, alles wissen wollend
Erinnerung *f*	Gedanke an etw. aus der Vergangenheit

Übung 2: Richtig oder falsch? Kreuzen Sie die richtigen Aussagen an!

1. Es ist September. ☒

2. Felix kommt aus Berlin. ☐

3. Felix und Leo gehen oft am Wannsee spazieren. ☐

4. Der Mann auf der Bank ist jung. ☐

„In die Vergangenheit?" Jetzt ist Felix **neugierig**.

„Ja, hier." Der Mann zeigt auf seine Schachtel. „In dieser Schachtel liegt meine Vergangenheit. Ich komme immer mit dieser Schachtel hierher. Und dann reise ich zurück in meine Vergangenheit. Diese Bank ist der beste Ort dafür."

„Ich hoffe, es sind nur schöne **Erinnerungen** in Ihrer Schachtel", sagt Felix.

„Wollen Sie mit mir zusammen in meine Vergangenheit reisen?", fragt der alte Mann Felix. Dann öffnet er die kleine Schachtel.

Die Schachtel ist aus dunklem Holz und hat ein Schloss[i] aus Metall an einer Seite. In der Schachtel sieht Felix viel Papier, alte Fotos und viele verschiedene kleine Dinge.

Kamera *f*	Gerät, das Filme oder Fotos aufnimmt
Kindheit *f*	Zeit, als man ein Kind war
sich ändern	anders werden, sich verändern

„Schauen Sie hier!" Der Mann holt ein Foto aus der Schachtel und zeigt es Felix.

Auf dem Foto ist ein junger Mann. Er steht an einem See und hält einen Fisch in die Luft. Der junge Mann lacht fröhlich in die **Kamera**.

„Ist das am Wannsee?", fragt Felix.

„Ja. Das ist genau hier an dieser Stelle. Das Foto ist von 1960. Ich bin 22 Jahre alt. Auf dem Bild sehen Sie mich und einen fünf Kilo schweren Fisch. Wir sind zu der Zeit oft am Wannsee und fischen. Hier gibt es sehr große Fische. Die Fische grillen wir dann am Feuer. Oft bleiben wir die ganze Nacht hier. Der Freund von meinem Vater hat eine Gitarre. Wir sitzen zusammen am Feuer und singen. Oder mein Vater und sein Freund erzählen uns von ihrer **Kindheit**. Auf dem Bild sind wir noch glücklich. Wir wissen noch nicht, dass **sich** bald alles **ändert**."

> **i** Ein Wort, zwei Bedeutungen: Ein *Schloss* ist etwas, in das man einen Schlüssel steckt, um z. B. eine Tür zu öffnen. Aber auch Könige und Königinnen wohnen in einem *Schloss*. Hier ist die erste Bedeutung gemeint.

„Was ändert sich?", Felix versteht nicht, was der Mann meint.

„Na, die **Mauer**. Die hat alles verändert", antwortet der Mann und blickt traurig auf das Wasser.

Mauer *f*	Wand aus Steinen
Weltkrieg *m*	Krieg mit vielen Ländern
sterben	aufhören zu leben

„Ah, jetzt verstehe ich. Sie meinen die Berliner Mauer."

Nach dem Zweiten **Weltkrieg** war Deutschland in zwei Teile geteilt. Es gab die Bundesrepublik und die DDR❶. 1961 ist eine Mauer gebaut worden. Diese Mauer hat Berlin in zwei Teile geteilt. Ohne Visum musste jeder auf seiner Seite bleiben. Das hat Felix in der Schule gelernt.

„In welchem Teil von Berlin haben Sie gelebt?", fragt er.

Der alte Mann erzählt weiter von früher: „Wir wohnen nach dem Bau der Mauer in der DDR. Viele Familien sind nun getrennt und können sich nicht mehr sehen. Ich darf meinen besten Freund nicht mehr sehen. Und ich kann nicht mehr an diese Stelle vom Wannsee. Denn dieser Teil liegt nicht in der DDR. Viele versuchen zu fliehen und müssen **sterben**. Mein Vater und ich können auch nicht mehr mit unseren Freunden zusammen fischen."

Felix hört dem alten Mann interessiert zu. Er ist erst 1980 in Hamburg geboren. In der Schule lernt man viel über die DDR. Aber das

Deutschland war seit 1949 in zwei Teile geteilt: die Bundesrepublik Deutschland und die DDR. Die DDR steht für die Deutsche Demokratische Republik. Seit dem 3.10.1990 gab es wieder ein gemeinsames Deutschland. Diesen Tag nennt man den Tag der Deutschen Einheit. Es ist der deutsche Nationalfeiertag.

sind nur Zahlen und **langweilige** Texte. Der alte Mann hat diese Zeit selbst **erlebt**. Felix möchte alles wissen.

Der Mann gibt Felix ein Foto. Auf dem Foto sieht man den Bau der Mauer. Die Mauer steht mitten auf der Straße. Die Menschen stehen auf beiden Seiten und schauen zu. Man kann ihre **Angst** sehen. Man kann nicht mehr auf die andere Seite gehen. Man kann seinen **Nachbarn** nicht mehr besuchen. Felix schaut traurig auf das Bild.

Der alte Mann erzählt weiter aus seiner Vergangenheit: „Unsere Freunde leben ab jetzt auf der anderen Seite der **Grenze**. Mein Vater kann seinen besten Freund nicht wiedersehen. Wir dürfen die DDR nicht verlassen und aus der Bundesrepublik darf man nur mit **Erlaubnis** einreisen. Aber leider bekommt der Freund von meinem Vater keine Erlaubnis. Mein Vater und er können sich nur Briefe schreiben." Der alte Mann sucht etwas in seiner Schachtel. Dann zeigt er Felix ein Stück Papier. „Hier, lesen Sie!" Felix nimmt den Brief und beginnt zu lesen:

langweilig	uninteressant
etw. erleben	etw. mitmachen, mitbekommen
Angst *f*	Furcht, leichte Panik
Nachbar/ Nachbarin *m/f*	jd., der in der Nähe wohnt
Grenze *f*	*hier:* Trennungslinie zwischen zwei Ländern
Erlaubnis *f*	Zustimmung, Genehmigung
sich Sorgen machen	Angst haben, unruhig sein

„Mein lieber Freund!
Wie geht es dir? Ich **mache** mir große **Sorgen** um dich und deine Familie. Ich versuche, ein Visum zu bekommen.

Dann besuche ich dich. Aber leider ist das nicht so leicht. Mit einem Visum darf ich einen Tag in die DDR kommen. Dann können wir uns sehen. Ich **vermisse** dich sehr. Ich sitze immer auf unserer Bank am Wannsee

jn./etw. vermissen	traurig sein, dass jd. oder etw. nicht da ist

und denke an unsere Zeit zurück. An das Fischen und die guten Gespräche. Die Gitarre hängt jetzt bei uns an der Wand. Bis ich dich wiedersehe. Dann werde ich wieder spielen. Ich hoffe, dass ich euch sehr bald besuchen kann. Anette ist schwanger. Sie bekommt ein Baby. Wir werden bald Großeltern. Es wird ein kleines Mädchen. Ich bin dann Opa! Ich hoffe, du kannst das Mädchen auch kennenler-
nen.
Wie geht es deinen Kindern? Bitte gib ihnen einen Kuss von mir. Und grüß deine ganze Familie. Wir vermissen euch alle sehr! Ich warte auf deinen Brief.
Dein Freund __ __ __ __ __."

Übung 3: Rätsel. Wie heißt der Freund?

1. Kleine Box für verschiedene Sachen:

S C H A C H T E L

2. Damit man etwas darf, braucht man eine:

__ ☐ __ __ __ __ __ __

3. Den Wunsch haben (2. Person Plural):

ihr ☐ _ _ _ _

4. E-Mails auf Papier nennt man: _ _ ☐ _ _ _

5. Die Hauptstadt von Deutschland: _ _ _ _ _ ☐

Lösung: _ _ _ _ _

Felix faltet den Brief. Genau hier hat❶ der Freund immer auf den Vater des alten Mannes gewartet. Vielleicht hat er den Brief auch hier geschrieben. Sitzt der alte Mann deshalb so oft hier?

„Warum hat er kein Visum bekommen? War das so schwer?", fragt Felix den alten Mann.

Der Mann erklärt, wie es war: „Der Freund von meinem Vater ist gegen die DDR. Deshalb bekommt er kein Visum. Kein **Gegner** darf in die DDR reisen. Mein Vater kann seinen Freund nicht wiedersehen. Sie schreiben sich fast jede Woche einen Brief. Und schicken sich Bilder. Hier: Das ist der Freund von meinem Vater. Er hält seine Enkelin auf dem Arm."

> **Das Perfekt mit** *sein* **oder** *haben*:
> Man bildet das Perfekt mit *sein* oder *haben* und dem Partizip II. Verben der Bewegung oder Veränderung des Zustands bilden das Perfekt mit *sein*.
> *Ich bin gegangen. Er ist aufgestanden.*

Der alte Mann gibt Felix das Foto. Der Mann auf dem Bild sieht sehr freundlich aus. „Er ist leider 1988 bei einem **Unfall** gestorben – nur ein Jahr vor dem Fall der Mauer."

„Haben Sie Ihren besten Freund wiedergesehen?"

„Ja, bei meiner Hochzeit! Ich hatte mehr Glück als mein Vater."

Der alte Mann sucht wieder etwas in der Schachtel. Er gibt Felix ein Foto. Auf dem Foto sieht Felix einen Mann in einem schicken

Gegner/ Gegnerin *m/f*	jd., der gegen jn. oder etw. ist
Unfall *m*	Situation, bei der jd. verletzt oder getötet wird
Brautkleid *n*	Kleid, das die Frau bei der Hochzeit trägt
Bräutigam *m*	der Mann, der heiratet
faszinieren	begeistern

Anzug und eine hübsche Frau in einem langen, wunderschönen weißen Kleid. Es ist ein **Brautkleid**. Die Frau hat viele Blumen in den Haaren. Der Mann und die Frau lächeln in die Kamera. Neben ihnen stehen viele Gäste.

„Sind Sie das mit Ihrer Frau auf dem Foto?", fragt Felix.

„Ja! Und der Mann neben mir, das ist mein Schulfreund." Er zeigt auf einen jungen Mann. Er steht direkt neben dem **Bräutigam** und hat den Arm um ihn gelegt. Der alte Mann sieht jetzt sehr traurig aus. Er zeigt auf die Frau mit dem weißen Kleid: „Das ist meine Frau Eva. Auf dem Bild bin ich 30 Jahre alt und meine Frau ist 25 Jahre alt. Das ist der Tag unserer Hochzeit. Ihre Familie kommt aus der Bundesrepublik. Ist sie nicht wunderschön? Sie ist meine große Liebe."

„1978 haben Sie geheiratet?", fragt Felix. „Aber da war noch die Mauer da. Wo haben Sie Ihre Frau kennengelernt? Und haben Sie in der DDR geheiratet? Ist Ihre Frau in die DDR gezogen?"

Die Geschichte **fasziniert** Felix. Er will alles über das Leben von dem alten Mann wissen.

Der alte Mann zeigt Felix ein anderes Foto und erzählt aus seiner Vergangenheit:

Ausflug   Kleid   ~~Samstag~~   Grenze

„Schauen Sie. Hier stehen wir am Brandenburger Tor[i]. Dort sehe ich sie das erste Mal. Es ist der 1. Juli 1976. Es ist ein sonniger **1.** _Samstag_ und ich bin auf dem Weg zu einem Freund. Wir wollen zusammen einen **2.** _____ machen. Sie ist gerade zu Besuch bei ihrer **Tante** in der DDR. Ich sehe sie in ihrem bunten **3.** _____. Sie kommt gerade aus der **Kontrolle** an der **4.** _____. Ich bin sofort **verliebt**.

Aber ich bin zu **schüchtern** und spreche sie nicht an. Ich warte den ganzen Tag, denn mit einem Visum darf man meistens nur einen Tag bleiben. Sie muss also auch wieder zurückkommen. Ich sitze den ganzen Tag auf einer Bank in der Nähe. Ich kann die Kontrolle an der Gren-ze sehen. Um 18 Uhr kommt sie zurück. Ich frage sie, wie viel Uhr es ist. So beginnt unser

[i] Das Brandenburger Tor ist eine be-kannte Sehenswürdigkeit in Berlin. Es steht auf dem Pariser Platz. Von 1961 bis 1989 stand es an der Grenze von West- und Ost-Berlin und hat die Bundesrepublik und die DDR getrennt.

Gespräch. Sie erzählt mir, dass sie einmal im Monat kommt. Dann besucht sie ihre Tante und bringt ihr **ein paar** Geschenke aus der Bundesrepublik. Wissen Sie, man kann in der DDR nicht alles kaufen. Ihre Mutter packt immer ein paar Lebensmittel ein und sie bringt die Lebensmittel zu ihrer Tante. Aber sie weiß nicht, wann sie das nächste Visum be-

Tante *f*	Schwester der Mutter oder des Vaters
Kontrolle *f*	*hier:* Überprüfung
verliebt	sehr starke Gefühle habend
schüchtern	scheu, unsicher
ein paar	*hier:* wenige, nicht viele
sich (ineinander) verlieben	anfangen jn. zu lieben
romantisch	mit vielen Gefühlen
⚡ **rüber**	hinüber, auf die andere Seite; *hier:* in die Bundesrepublik

kommt. Sie sagt, dass sie nur am Samstag kommen kann. Und immer um zehn Uhr morgens. Ab jetzt warte ich jeden Samstag ab zehn Uhr auf sie. Nur so kann ich sie wiedersehen. Ich muss viele Samstage warten. Nach fünf Wochen sehe ich sie wieder. Und so sehen wir uns immer wieder und lernen uns kennen. Und **verlieben** uns **ineinander**."

„Und Sie haben jeden Samstag auf sie gewartet?" Felix kann es nicht glauben.

„Jeden Samstag. Zwei Jahre lang."

„Das ist eine sehr **romantische** Geschichte", sagt Felix nach einer kurzen Pause. „Aber sicher waren Sie auch oft sehr traurig. Sie konnten sich viele Wochen nicht sehen."

Der alte Mann erinnert sich: „Wir schreiben uns Briefe. Jeden Tag einen. Nach zwei Jahren kann ich nicht mehr und ich bin **rüber**. Ich will nicht mehr ohne sie leben."

Übung 5: Präpositionen. Welche Präposition passt in die Lücke? Ergänzen Sie!

| um | ~~am~~ | Von ... bis | im |

1. Ich warte _am_ Samstag auf Eva.

2. Wir treffen uns _____ zehn Uhr morgens.

3. Felix macht _____ Frühling Urlaub an der Ostsee.

4. _____ 1961 _____ 1989 war Deutschland durch eine Mauer geteilt.

„Rüber? Wohin?"

„In❶ die Bundesrepublik."

„Aber das ist zu dieser Zeit verboten. Wie kann man so einfach in die Bundesrepublik gehen?"

„So einfach nicht. Man kann nur aus der DDR **fliehen**. Man muss Eltern und

fliehen	weglaufen
Gefängnis n	Gebäude, in dem Verbrecher eingesperrt sind

Geschwister verlassen und weiß nicht, wann man sie wiedersieht. Man darf auch mit niemandem darüber sprechen.

Wo oder *wohin*? Die Präposition *in* kann mit dem Akkusativ oder Dativ stehen. Auf die Frage *Wohin?* folgt der Akkusativ: *Wohin gehst du? Ich gehe in die DDR.* Auf die Frage *Wo?* folgt der Dativ: *Wo lebst du? Ich lebe in der DDR.*

Sonst muss die Familie in ein **Gefängnis**."

„Sie sind einfach weggegangen?", fragt Felix. Er sieht seine Eltern nicht jede Woche, denn sie leben in Hamburg. Aber er besucht sie oft. Oder sie kommen nach Berlin. Er kann sich das nicht vorstellen. Seine Eltern nie wiedersehen? Das muss **schrecklich** sein.

schrecklich	sehr schlimm
etw./jn. erkennen	*hier:* etw./jn. identifizieren
Abschied *m*	Trennung, Weggang

Der alte Mann gibt Felix ein Foto. Auf dem Foto ist eine Familie zu sehen. Ein Vater, eine Mutter und drei Kinder. Ein kleines Mädchen und zwei Jungen. Den Vater und den einen jungen Mann kennt Felix. Das ist der alte Mann mit seinem Vater. Er **erkennt** die beiden sofort.

Der alte Mann erzählt: „Das ist meine Familie. Mein Bruder und meine kleine Schwester. Sie heißt Lara. An dem Tag machen wir einen Ausflug. Es ist ein wunderschöner Tag. Und in der Nacht gehe ich weg. Das ist das letzte gemeinsame Foto von uns in der DDR. Ich schreibe meiner Familie einen Brief zum **Abschied**. Aber ich nehme ihn mit. Ich habe Angst, dass sie Probleme bekommen.

Übung 6: Perfekt. Ergänzen Sie die richtige Form!

gesprochen   verliebt   ~~geschrieben~~   gesehen

1. Felix hat seiner Familie zum Abschied einen Brief
geschrieben .

2. Erwin hat seinen Freund lange nicht _____.

3. Eva hat sich in den jungen Mann _____.

4. Felix hat mit dem alten Mann _____.

Der alte Mann gibt Felix den Brief. Felix öffnet den Brief vorsichtig und liest:

„Liebe Mama, lieber Papa,
es tut mir leid. Aber ich muss gehen. Ich liebe Eva. Ich muss zu ihr. Ich kann hier nicht bleiben. Die DDR ist nicht mein Zuhause. Ich möchte mit Eva frei sein. Bitte seid nicht böse. Ich möchte Eva heiraten. Ich hoffe, dass wir uns ganz schnell wiedersehen. Ich vermisse euch sehr. Euer Sohn!"

Nun erzählt der alte Mann weiter aus seiner Vergangenheit: „In der Nacht laufe ich bis zum Jungfernsee. Das ist hier ganz in der Nähe. Der Jungfernsee ist eine Grenze zwischen der DDR und der Bundesrepublik. Viele Menschen fliehen hier. Aber es ist auch sehr **gefährlich**. Es gibt viele **Wachleute** auf der Seite der DDR. Sie **schießen** sofort, wenn jemand fliehen will. Ich muss sehr vorsichtig sein. Ich schwimme durch den See an das andere **Ufer**. Ich versuche, sehr leise zu sein. Ich habe Angst zu atmen. Dann bin ich auf der anderen Seite. Hier bin ich in **Sicherheit**. In der Bundesrepublik. Aber weit weg von meiner Familie. Ich schreibe meinen Eltern jede Woche einen Brief. Aber alle liegen in dieser

gefährlich	riskant, voller Gefahr
Wachleute *pl*	Personen, die aufpassen
schießen	*hier:* mit einer Pistole einen Schuss abgeben
Ufer *n*	Bereich zwischen Wasser und Land
Sicherheit *f*	Schutz vor Gefahr

Schachtel. Ich schicke keinen an meine Familie.
Heute lese ich diese Briefe
gern als Erinnerung."

Gänsehaut *f*	Reaktion der Haut bei Kälte oder Angst
Nachricht *f*	Information über Neues, Aktuelles

Felix hat überall am Körper
Gänsehaut. „Hat Eva am anderen Ufer auf sie gewartet?",
fragt er.

Der alte Mann träumt sich zurück in seine Vergangenheit:
„Nein, das ist zu gefährlich. Wir treffen uns ein paar Kilometer weiter. Das ist der schönste und traurigste Moment
in meinem Leben. Ich halte meine Eva in den Armen. Aber
ich kann meine Familie nicht mehr sehen. Ich vermisse sie
jeden Tag."

„Wann haben Sie Ihre Familie wiedergesehen? Bei Ihrer
Hochzeit?"

„Nein. Leider nicht. Hier, das ist das erste Bild wieder mit
meiner Familie zusammen. Das ist 1989."

Felix überlegt. Das sind elf Jahre später! Die Familie sieht
sich erst nach elf Jahren wieder. Das Mädchen ist jetzt eine
Frau. Die Eltern sind auch älter. Der Vater hat jetzt graue
Haare und eine Brille. Aber alle sehen sehr glücklich aus.

Der alte Mann erzählt, wie es dazu gekommen ist: „Das Foto
ist vom 9. November. An diesem Abend sehen meine Frau
und ich fern. In den **Nachrichten** sehen wir es. Wir können es nicht glauben. Die Grenzen sind plötzlich auf. Alle
Menschen aus der DDR dürfen das Land verlassen. Sie laufen über die Grenze in die Bundesrepublik. Sie machen die
Mauer kaputt. Viele tanzen auf der Mauer. Ich springe sofort auf und fahre zur Grenze. Es stimmt. Die Menschen

kommen über die Grenze. Die Grenze ist offen. Viele **weinen** vor Freude. Es ist **un-
glaublich**! Überall umarmen sich Menschen. Sie
sehen sich endlich wie-
der. Nach 28 Jahren, zwei
Monaten und 27 Tagen ist
die Mauer weg. Ich fahre

weinen	Tränen vergießen
unglaublich	*hier:* kaum zu glau-ben, unwahr-scheinlich
erleichtert	Gefühl, wenn Sor-gen oder Ängste vorbei sind

sofort zu der Wohnung meiner Eltern. Es sind nur fünf Kilometer. Aber die Fahrt dauert fast zwei Stunden. Alle wollen über die Grenze.

**Übung 7: Antonyme. Finden Sie das Gegenteil[i]!
Ordnen Sie zu!**

1. c̄ alt   **a)** ungefährlich

2. ☐ schön   **b)** laut

3. ☐ klein   **c)** jung

4. ☐ gefährlich   **d)** hässlich

5. ☐ leise   **e)** groß

Endlich komme ich an dem Haus an. Ich springe aus dem
Auto und laufe in den
dritten Stock. Ich kling-
le und rufe laut. Mein
Vater öffnet die Tür.
Ich bin **erleichtert**. Die

> ⓘ Das Gegenteil von Adjektiven wird häufig durch die Vorsilbe *un-* gebil-det: *modern – unmodern, pünktlich – unpünktlich, freundlich – unfreundlich, gültig – ungültig.*

Adresse ist noch richtig, meine Eltern wohnen noch da.

Mein Vater **starrt** mich **an**. Er kann es nicht glauben. Hinter ihm stehen meine Mutter, mein Bruder und meine Schwester. Sie wollen auch gerade los. Sie

jn. anstarren	jn. intensiv und lange ansehen
etw./jn. nie vergessen	*hier:* immer an etw./jn. denken
anhalten	stoppen
vorbei	zu Ende

wollen auch über die Grenze in die Bundesrepublik. Zum Glück sind sie noch da.

Diesen Moment werde ich **nie vergessen**. Wir umarmen uns. Meine Mutter weint vor Freude. Dann laufen wir schnell zum Auto. Wir fahren gemeinsam mit meinem Auto zurück in den Westen. Meine Eltern sind sehr nervös. Alle haben Angst, dass man die Grenze wieder schließt. Erst nach der Grenze **halten** wir **an**. Ein fremder Mann hat für uns dieses Foto gemacht.

Dann fahren wir zu meiner Wohnung. Dort wartet meine Frau mit meinem Sohn an der Hand. Meine Eltern sehen zum ersten Mal ihren Enkelsohn. Wir sind alle so glücklich. Endlich sind wir wieder zusammen. Endlich ist die Zeit der DDR **vorbei**. Ich werde immer an diesen Tag denken. Wir sitzen die ganze Nacht in unserem Wohnzimmer[i] und erzählen."

„Sind Ihre Eltern dann in die Bundesrepublik gegangen?"

[i] Bei zusammengesetzten Nomen (Komposita) richtet sich der Artikel nach dem hinteren Nomen: *das Wohnzimmer*, *der Orangensaft*, *der Campingplatz*, *der Kindergarten*.

„Nein. Sie sind in ihrer alten Wohnung geblieben. Das ist nun kein Problem mehr. Es gibt keine DDR mehr. Sie können jeden Tag zu uns kommen. Man kann wieder ohne Visum auf die andere Seite."

schlimm	sehr schlecht
Meinung *f*	das, was jd. glaubt oder denkt
etw. schaffen	etw. zu Ende, ans Ziel bringen
stören	*hier:* unterbrechen

„Ich kann mir das überhaupt nicht vorstellen. Dieses Leben in der DDR. War es wirklich so **schlimm**?"

Übung 8: Possessivartikel. Lesen Sie weiter und unterstreichen Sie die richtige Form!

Der alte Mann beschreibt das Leben in der DDR: „In der DDR darf man **1.** sein / seine Meinung nicht sagen. Für viele Menschen ist das kein Problem. Sie sind sehr glücklich in der DDR. Aber ich bin es nicht. Und **2.** mein / meine Familie ist es auch nicht. Aber **3.** mein / meine Eltern haben Angst. **Schaffen** sie es nicht zu fliehen, dann müssen sie viele Jahre in das Gefängnis. Und **4.** mein / meine Bruder und **5.** mein / meine Schwester sind dann ganz allein. Deshalb gehen sie nicht weg."

Felix hört aufmerksam zu. Dann sagt er: „Jetzt verstehe ich das Leben und die Probleme der Menschen in der DDR. Die Geschichte hat nun ein Gesicht bekommen. Und diese Bank ist ab heute für mich auch eine ganz besondere Bank.

Jetzt verstehe ich, warum Sie immer hier sitzen. Ich danke Ihnen. Ich habe heute sehr viel gelernt."

Der alte Mann lächelt. Er träumt wieder. Vielleicht denkt er an das Fischen mit seinem Vater. Oder an seine Familie und die vielen Jahre ohne sie. Vielleicht denkt er auch an Eva und an ihren gemeinsamen Sohn. Aber Felix will ihn nicht fragen. Er will seinen Traum nicht **stören**.

So sitzen die beiden eine ganze Weile nebeneinander. Niemand sagt etwas. Dann schaut Felix auf seine Uhr. Es ist schon ___ ___ ___ ___ Uhr.

Übung 9: Treppenrätsel. Wie spät ist es? Lösen Sie das Rätsel!

1. Nicht hinter, sondern _____.

2. Die Jacke gehört Eva. Es ist _____ Jacke.

3. Mein Sohn ist der _____ von meinem Vater.

4. Das Gegenteil von links ist _____.

Lösung: ___ ___ ___ ___

Felix muss heute Abend noch im Restaurant arbeiten. Er hat überhaupt nicht gemerkt, dass es schon ⓘ Nachmittag ist. Er hat fast den ganzen Tag neben dem alten Mann auf der Bank gesessen. Die Geschichte hat ihn so fasziniert. Er hat nicht einmal auf die Uhr gesehen. Leo liegt immer noch neben der Bank. Er schläft. Felix muss seinem Hund danken. Leo ist weggelaufen. Deshalb hat er den alten Mann kennengelernt und seine tolle Geschichte gehört.

„Ich muss jetzt auch los. Es ist spät", sagt der alte Mann und schließt seine Schachtel.

„Ich danke Ihnen sehr, dass Sie mir alles erzählt haben. Ich verstehe jetzt vieles von der Geschichte der Bundesrepublik und der DDR besser."

ⓘ *Schon* oder *erst*? *Schon* bedeutet schneller oder früher als gedacht. *Erst* bedeutet später als gedacht.
Es ist erst zwei Uhr. Wir haben noch viel Zeit.
Es ist schon zwei Uhr. In fünf Minuten beginnt der Kurs. Ich muss mich beeilen.

„Sehr gern. Es ist selten, dass die jungen Leute sich für die Geschichten von uns Alten interessieren. Ich danke Ihnen auch. Es war schön, mit Ihnen zu sprechen", antwortet der alte Mann und steht auf. Er geht langsam los. Seine Beine sind etwas **steif**. Er hat lange auf der Bank gesessen. Seine Schachtel hält er fest in beiden Händen.

„Warten Sie!", ruft Felix. „Gehen Sie jetzt zu Ihrer Frau nach Hause? Grüßen Sie Ihre Frau von mir!"

Aber der alte Mann geht weiter. Er bleibt nicht stehen. Er antwortet Felix nicht. Er **dreht sich** auch nicht **um**. Felix bleibt noch einen Moment auf der Bank sitzen. Dann steht er auch auf und geht langsam zurück zu seinem Auto auf dem Parkplatz. Dieses Mal springt Leo in das Auto. Die beiden fahren zurück in die Stadt. Auf dem Weg nach Hause denkt er an den alten

steif	fest, unbeweglich
sich umdrehen	*hier:* herumdrehen und nach hinten sehen
etw. mit anderen Augen sehen	etw. mit neuer Einstellung sehen

Mann und die Ausflüge mit seinem Vater an den Wannsee. Vielleicht sind sie auch diese Straße nach Hause gefahren. Bis zu dem Tag, als man die Mauer gebaut hat. Felix **sieht jetzt** alles **mit anderen Augen**. Da bemerkt Felix etwas: Er hat den alten Mann nicht nach seinem Namen gefragt.

Übung 10: Richtig oder falsch? Kreuzen Sie die falschen Aussagen an!

1. Die Eltern haben den Brief bekommen. ☒

2. Der alte Mann hat einen Sohn. ☐

3. Es ist schon Nachmittag. ☐

4. Felix kennt den Namen von dem alten Mann. ☐

Abschlusstest

Lösungen

Glossar

Verzeichnis der Übungen

Abschlusstest

Zwei Katzen in Köln

Übung 1: Rätsel. Finden Sie das Lösungswort!

1. Wer isst Kims Pommes? Ein V ___ ☐ ___ ___

2. Wen treffen die Katzen auf der Brücke?

Zwei H ___ ___ ___ ☐

3. Die Brücke führt über den F ___ ___ ___ ☐ .

4. Der Polizist trägt eine ☐ N ___ ___ ___ ___ ___ .

5. Fiona und Kim verkleiden sich seit ihrer

K ___ ☐ ___ ___ ___ ___ ___ als Katzen.

6. Ein anderes Wort für Stadtzentrum

ist I ___ ___ ___ ___ ___ ___ ☐ ___ .

7. Fiona und Kim sind S ___ ☐ ___ ___ ___ ___ ___ .

8. Was möchte Kim von Fiona leihen? G ☐ ___ ___ .

9. Fiona ist Expertin für K ___ ___ ___ ☐ ___ ___ .

10. Auf dem P ___ ___ ☐ ___ vor dem Dom sind Treppen.

Lösungswort: ☐[1] ☐[2] ☐[3] ☐[4] ☐[5] ☐[6] ☐[7] ☐[8] ☐[9] ☐[10]

Übung 2: Komposita. Welche Wörter passen zusammen? Suchen Sie das passende Wort!

| -eimer | -fahrer | -flasche | -mann | -partner |

1. Rad........................

2. Bier........................

3. Weihnachts........................

4. Müll........................

5. Geschäfts........................

Spurensuche in München

Übung 3: Präpositionen. Ergänzen Sie die passende Präposition!

| aus | in | zu | mit | in | hinter |

1. Martin geht .... das Restaurant.

2. Der Mann schaut .... dem Fenster.

3. Martin hat die Kette .... der Tasche.

4. Martin geht .... Evi im Park spazieren.

5. Das Auto steht .... dem Mann.

6. Sie gehen .... Fuß durch die Stadt.

Übung 4: Treppenrätsel. Lösen Sie das Rätsel und finden Sie das Lösungswort!

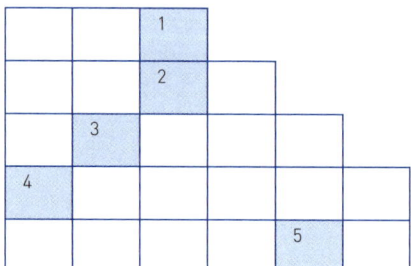

1. Ich habe das zum ersten _____ gesehen.

2. Der Stadtplan gehört mir. Das ist _____

Stadtplan.

3. Das Gegenteil von nehmen ist _____ .

4. Ein typisch bayerischer Snack ist _____ .

5. In einem Laden kann man Sachen _____ .

Lösungswort: ☐¹ ☐² ☐³ ☐⁴ ☐⁵

Quer durch Hamburg

Übung 5: Fragen zum Text. Beantworten Sie die Fragen!

1. Warum trägt Leon die Pistolenattrappe?

_____

2. Warum will er schnell zum Polizeikommissariat kommen?

_____

3. Warum hat er Geld im Rucksack?

_____

4. Warum hat er die Haare gefärbt?

_____

Übung 6: Schwarzes Schaf. Welches Wort passt nicht in die Reihe? Unterstreichen Sie!

1. Zuschauer   Publikum   Fans   Räuber

2. Schal   Mütze   Stirn   Handschuhe

3. Geld   Rucksack   Hosentasche   Tasche

4. Straße   Platz   Bistro-Café   Park

Berliner Erinnerungen

Übung 7: Konnektoren. Ergänzen Sie!

deshalb   aber   Dann   und

1. Man braucht ein Visum. _____ kann man in

die DDR einreisen.

2. Der alte Mann hat seiner Familie Briefe geschrieben,

_____ er hat sie nicht verschickt.

3. Felix wohnt _____ arbeitet in Berlin.

4. Felix mag die Natur, _____ geht er gern am

Wannsee spazieren.

Übung 8: Perfekt mit *sein* oder *haben*? Ergänzen Sie die richtige Form!

1. Felix _____ am Wannsee spazieren gegangen.

2. Der Mann _____ viele Briefe geschrieben.

3. Er _____ sich in die junge Frau verliebt.

4. Am Nachmittag _____ Felix nach Hause gefahren.

5. Felix und der alte Mann _____ lange über die Vergangenheit gesprochen.

Übung 9: Suchrätsel. Finden Sie sechs Verwandte!

M	U	T	T	E	R	I	B	K	G
A	K	A	I	G	U	P	R	N	R
C	D	N	H	H	D	F	U	S	T
M	H	T	F	C	I	K	D	X	Z
I	U	E	H	E	N	K	E	L	I
R	P	Z	O	W	S	S	R	G	U
F	O	N	K	E	L	A	F	R	H
Q	V	J	N	E	F	F	E	F	G

1. _____   **4.** _____

2. _____   **5.** _____

3. _____   **6.** _____

Lösungen

Zwei Katzen in Köln

Übung 1:   **1.** Dom **2.** Jahre **3.** Touristen **4.** Ruhe **5.** Leute

Übung 2:   **1.** freuen **2.** steht **3.** küssen **4.** wirft **5.** bellt

Übung 3:   **1.** b **2.** e **3.** d **4.** a **5.** c

Übung 4:   **1.** Katzenhaarallergie **2.** Fahrradfahrer
3. Fußgängerzone **4.** Bierflaschen

Übung 5:   **1.** bleiben **2.** sind **3.** lieben **4.** liegen
5. brauchen **6.** ist

Übung 6:   **1.** Kim ist 24 Jahre alt und studiert. **2.** Fiona
ist 27 und arbeitet bei einer Bank. **3.** Sie nehmen die Katzenohren vom Kopf. **4.** Fiona und
Kim wohnen im Westen von Köln.

Übung 7:   **1.** Geld **2.** ein Fitnessstudio **3.** gut **4.** fragen

Übung 8:   **1.** möchte **2.** kannst **3.** kann, will
4. kann, muss **5.** willst, kannst

Übung 9:   **1.** sein **2.** ihr **3.** ihr **4.** ihre **5.** ihr

Übung 10:   Trainer

Spurensuche in München

Übung 1:

S	C	H	R	A	N	K
O	D	G	H	J	L	L
F	U	E	W	R	Y	R
A	D	B	H	M	G	E
S	E	S	S	E	L	G
B	E	T	T	A	K	A
U	I	S	T	U	H	L

Übung 2:

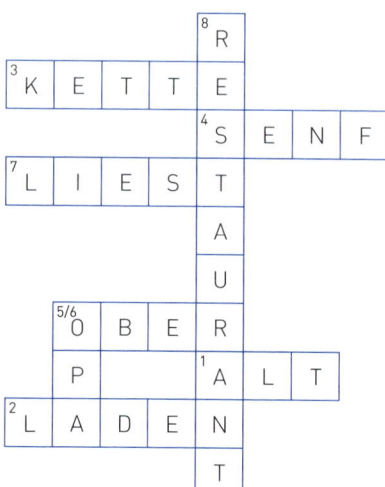

1. alt **2.** Laden **3.** Kette **4.** Senf **5.** Opa **6.** Ober
7. liest **8.** Restaurant **Lösung:** Alte Post

Übung 3:   **1.** hat geholfen **2.** hat bedient **3.** hat gekocht
4. sind gekommen **5.** hat gewonnen

Übung 4:   **1.** richtig **2.** falsch (Evi findet die Geschichte
romantisch.) **3.** richtig **4.** falsch (Martin findet
Evi sympathisch.)

Übung 5:   **1.** Gib mir die Kette! **2.** Warten Sie bitte auf
mich! **3.** Machen Sie bitte den Laden auf!
4. Sei nicht böse auf mich!

Übung 6:   **1.** Wie **2.** Ist **3.** Wo **4.** Wie

Übung 7:   **1.** Lupe **2.** Obermenzing **3.** Maler **4.** Katharina
5. Zu Fuß **6.** dunkel **7.** Stille
Lösung: Polizei

Übung 8:   **1.** e **2.** d **3.** a **4.** c **5.** b

Übung 9:   **1.** falsch (Martin sucht allein nach dem Malermeister.) **2.** richtig **3.** falsch (Martin kann nur

einen Schatten erkennen.) **4.** richtig **5.** falsch
(Der Großonkel war nie verheiratet.)

Übung 10: **1.** Tasche **2.** Herz **3.** Haltestelle **4.** Straße
5. Restaurant **6.** Fenster

Quer durch Hamburg

Übung 1: **1.** schläft **2.** Nachttisch **3.** hell **4.** dunkelhaarig

Übung 2: **1.** Bank **2.** Pistole **3.** Euro **4.** Jahre **5.** Mann
6. Polizei **7.** Telefon

Übung 3: **1.** Haus **2.** Rucksack **3.** Bank **4.** Boden

Übung 4: **1.** auf **2.** an **3.** aus **4.** statt

Übung 5: **1.** b **2.** a **3.** d **4.** c

Übung 6: **1.** schnell **2.** langsam **3.** aktiv **4.** voll **5.** genervt

Übung 7: **1.** der Kindheit **2.** keinen **3.** Timmy **4.** nicht zusammen

Übung 8: **1.** möchte **2.** wollen **3.** fotografiert **4.** lächelt
5. gibt

Übung 9: **1.** falsch (Leon ist Schauspieler und spielt
einen Bankräuber.) **2.** richtig **3.** richtig
4. richtig

Berliner Erinnerungen

Übung 1: **1.** gehen **2.** kennt **3.** ist **4.** sitzt **5.** schaut

Übung 2: **1.** richtig **2.** falsch (Felix kommt aus Hamburg.) **3.** richtig **4.** falsch (Der Mann auf der
Bank ist alt.)

| Übung 3: | **1.** Schachtel **2.** Erlaubnis **3.** wollt **4.** Briefe |
| | **5.** Berlin **Lösung:** Erwin |

Übung 3:   **1.** Schachtel **2.** Erlaubnis **3.** wollt **4.** Briefe
5. Berlin **Lösung:** Erwin

Übung 4:   **1.** Samstag **2.** Ausflug **3.** Kleid **4.** Grenze

Übung 5:   **1.** am **2.** um **3.** im **4.** Von ... bis

Übung 6:   **1.** geschrieben **2.** gesehen **3.** verliebt
4. gesprochen

Übung 7:   **1.** c **2.** d **3.** e **4.** a **5.** b

Übung 8:   **1.** seine **2.** meine **3.** meine **4.** mein **5.** meine

Übung 9:   **1.** vor **2.** ihre **3.** Enkel **4.** rechts **Lösung:** vier

Übung 10:   **1.** falsch (Der alte Mann hat den Brief nie ab-
geschickt.) **2.** richtig **3.** richtig **4.** falsch (Er hat
ihn nicht nach dem Namen gefragt.)

Abschlusstest

Übung 1:   **1.** Vogel **2.** Hunde **3.** Fluss **4.** Uniform
5. Kindheit **6.** Innenstadt **7.** Schwestern **8.** Geld
9. Kredite **10.** Platz **Lösung:** Gesundheit

Übung 2:   **1.** Radfahrer **2.** Bierflasche **3.** Weihnachtsmann **4.** Mülleimer **5.** Geschäftspartner

Übung 3:   **1.** in **2.** aus **3.** in **4.** mit **5.** hinter **6.** zu

Übung 4:

M	A	¹L			
M	E	²I	N		
G	³E	B	E	N	
⁴B	R	E	Z	E	L
K	A	U	F	⁵E	N

1. Mal **2.** mein **3.** geben **4.** Brezel **5.** kaufen
Lösungswort: Liebe

Übung 5: **1.** Er will sich auf die Dreharbeiten einstimmen. **2.** Die Dreharbeiten beginnen um zehn Uhr. **3.** Es ist der letzte Drehtag und er will mit den Kollegen etwas trinken gehen und alle einladen. Er zahlt immer bar. **4.** Das steht so im Drehbuch.

Übung 6: **1.** Räuber **2.** Stirn **3.** Geld **4.** Bistro-Café

Übung 7: **1.** Dann **2.** aber **3.** und **4.** deshalb

Übung 8: **1.** ist **2.** hat **3.** hat **4.** ist **5.** haben

Übung 9:

M	U	T	T	E	R	I	B	K	G
A	K	A	I	G	U	P	R	N	R
C	D	N	H	H	D	F	U	S	T
M	H	T	F	C	I	K	D	X	Z
I	U	E	H	E	N	K	E	L	I
R	P	Z	O	W	S	S	R	G	U
F	O	N	K	E	L	A	F	R	H
Q	V	J	N	E	F	F	E	F	G

Glossar

abnehmen	*hier:* Gewicht verlieren
Abschied *m*	Trennung, Weggang
Allergie *f*	krankhafte Reaktion auf etw.
Alltag *m*	normales Leben
Amulett *n*	Anhänger an einer Kette
sich **ändern**	anders werden, sich verändern
Angst *f*	Furcht, leichte Panik
anhalten	stoppen
jn. **ansprechen**	ein Gespräch mit jm. beginnen
jn. **anstarren**	jn. intensiv und lange ansehen
apathisch	teilnahmslos, passiv
Attrappe *f*	Kopie, Nachbildung
aufbauen	errichten, neu machen
sich **auf den Boden werfen**	sich sehr schnell hinlegen
aufgeben	mit etw. aufhören, nicht weiter-machen
aufpassen	vorsichtig sein
ausruhen	sich erholen, neue Kraft sammeln
bar	mit Münzen und Papiergeld
Bart *m*	Haare im Gesicht
bayerisch	aus Bayern
jn. **bedrohen**	jm. Angst machen
betrunken	alkoholisiert
Bewegung *f*	Veränderung der Lage, Haltung
Biergarten *m*	Lokal im Freien

etw. **blockieren**	verhindern, dass sich etw. bewegt/ etw. versperren
blond	mit hellem Haar
Bräutigam *m*	der Mann, der heiratet
Brautkleid *n*	Kleid, das die Frau bei der Hochzeit trägt
Brücke *f*	Bauwerk über Wasser
Brunnen *m*	*hier:* Becken für Wasser
Büro *n*	Raum, wo man arbeitet
Chaos *n*	totales Durcheinander, Unordnung
chaotisch	nicht geordnet, unkontrolliert
Detektiv *m*	jd., der ermittelt und Informationen sucht
Dieb *m*	jd., der etw. stiehlt, ohne Erlaubnis mitnimmt
Drehbuch *n*	Textbuch eines Films mit Anweisungen für Schauspieler und Regie
dunkel	ohne Licht
dunkelhaarig	dunkle Haare habend
eigentlich	*hier:* normalerweise, im Grunde
eilig	in Eile, schnell
Einfahrt *f*	kleiner Weg, der von der Straße zum Haus führt
einsam	allein und unglücklich
Einstimmung *f*	mentale, psychische Vorbereitung auf etw.
elegant	stilvoll, fein
empathisch	einfühlsam, mit Mitgefühl
Enkelsohn *m*	Sohn der Tochter oder des Sohnes
enttäuscht	traurig
Enzian *m*	Blume in den Bergen mit weißer Blüte
erben	Besitz von einem Verstorbenen erhalten
Erbstück *n*	Gegenstand, den man von einem Verwandten erbt
Erinnerung *f*	Gedanke an etw. aus der Vergangenheit
erkennen	deutlich sehen/identifizieren
Erlaubnis *f*	Zustimmung, Genehmigung
etw. **erleben**	etw. mitmachen, mitbekommen
erleichtert	Gefühl, wenn Sorgen oder Ängste vorbei sind

ernst	nicht lustig
erschrecken	einen Schreck bekommen, schockiert sein
erschrocken	geschockt
fast	beinahe, nicht ganz
faszinieren	begeistern
Fell *n*	Haare von Tieren
jn. **festnehmen**	jn. verhaften, ins Gefängnis bringen
Fiktion *f*	etw., das nur in der Fantasie existiert
Fitnessstudio *n*	Ort, an dem man Sport machen kann
fliehen	weglaufen
Fluss *m*	natürlicher Wasserweg
jm. **folgen**	hinter jm. hergehen, jm. nachgehen
fressen	essen (bei Tieren)
frisch	nicht alt
froh	zufrieden, glücklich
funktionieren	intakt sein
Gänsehaut *f*	Reaktion der Haut bei Kälte oder Angst
gefährlich	riskant, voller Gefahr
Gefängnis *n*	Gebäude, in dem Verbrecher eingesperrt sind
Gegner/Gegnerin *m/f*	jd., der gegen jn. oder etw. ist
gemütlich	bequem, in aller Ruhe
Generation *f*	*hier:* Altersgruppe in der Familie, z. B. Großeltern, Eltern, Kinder
⚡ **genervt**	leicht verärgert
genial	toll, super
Geschäftsleute *pl*	Männer und Frauen, die Geschäfte machen
Geschäftspartner/ Geschäftspartnerin *m/f*	*hier:* jd., der mit jm. einen Laden leitet
Gesetz *n*	Norm, Vorschrift
gesperrt	geschlossen, Durchfahrt verboten
Grenze *f*	*hier:* Trennungslinie zwischen zwei Ländern
Grund *m*	Motiv
Grundschule *f*	Schule für Kinder ab sechs oder sieben Jahren
Gürtel *m*	Band, das um Taille oder Hüfte getragen wird

Haarfärbemittel *n*	Produkt zum Färben von Haaren
Handwerker *m*	jd., der beruflich mit den Händen arbeitet, z. B. Maler, Mechaniker
hässlich	nicht schön
Hering *m*	Fischart
Hinweis *m*	Tipp
hoffentlich	wie ich hoffe
höflich	freundlich
hüpfen	kleine Sprünge machen, springen
Idee *f*	Gedanke, Einfall
Initiale *f*	Anfangsbuchstabe von Namen
Innenstadt *f*	Stadtzentrum
Kamera *f*	Gerät, das Filme oder Fotos aufnimmt
keine Ahnung haben	nichts wissen
Kellner/Kellnerin *m/f*	jd., der in einem Restaurant das Essen und Trinken bringt
Kette *f*	Halsschmuck
Kindheit *f*	Zeit, als man ein Kind war
klauen	stehlen, wegnehmen
Kneipe *f*	einfaches Lokal
knurren	brummen
Kontrolle *f*	*hier:* Überprüfung
Kostüm *n*	*hier:* Verkleidung
Kredit *m*	*hier:* von der Bank geliehenes Geld
küssen	mit den Lippen berühren
langweilig	uninteressant
leer	*hier:* ohne Menschen
jm. etw. leihen	jm. etw. für eine Zeit geben
Leine *f*	Band, um mit Hunden spazieren zu gehen
leiten	führen, Chef von etw. sein
Leiter *m*	Direktor, Chef
lügen	nicht die Wahrheit sagen
Lupe *f*	Gerät, um etw. zu vergrößern
Maler *m*	Handwerker, der etw. mit Farbe streicht, anmalt
Marathon *m*	Lauf über rund 42 Kilometer
Maske *f*	*hier:* Ort, an dem man beim Film usw. die Leute schminkt
Mauer *f*	Wand aus Steinen

Maus *f*	kleines, graues Tier
Meinung *f*	das, was jd. glaubt oder denkt
sich **melden**	kontaktieren, Nachricht geben
merkwürdig	seltsam, nicht normal
Mikrofon *n*	Gerät, das Töne aufnimmt
Millionär/Millionärin *m/f*	jd. mit sehr viel Geld
etw. **mit anderen Augen sehen**	etw. mit neuer Einstellung sehen
mittendrin	zwischen anderen, in der Mitte
Mülleimer *m*	Behälter für Abfall
Nachbar/Nachbarin *m/f*	jd., der in der Nähe wohnt
Nachricht *f*	Information über Neues, Aktuelles
Nagelstudio *n*	Geschäft für Maniküre und künstliche Fingernägel
Neffe *m*	Sohn von der Schwester oder dem Bruder
⚡ **nerven**	stören, nervös machen
die **Nerven verlieren**	durchdrehen, die Ruhe verlieren
nervös	aufgeregt, unruhig
neugierig	interessiert, alles wissen wollend
Niete *f*	Bolzen aus Metall
etw./jn. **nie vergessen**	*hier:* immer an etw./jn. denken
Onkel *m*	Bruder der Mutter oder des Vaters
ein **paar**	*hier:* wenige, nicht viele
Paar *n*	*hier:* zwei Personen, die sich lieben
Pass auf dich auf!	Sei vorsichtig!
Personalausweis *m*	persönliches Dokument zur Identifikation mit Foto
Pflicht *f*	ein Muss
Pistole *f*	Waffe zum Schießen, Schusswaffe
plötzlich	auf einmal, unerwartet
Polizeirevier *n*	Gebäude, in dem die Polizei ihre Büros hat
Polizist/Polizistin *m/f*	jd., der für die Polizei arbeitet
Profi *m*	*hier:* Experte
prüfen	testen, untersuchen
Ratte *f*	kleines, graues Tier mit langem, dickem Schwanz
Räuber *m*	jd., der etw. raubt; Dieb

realistisch	der Wirklichkeit entsprechend, ohne Fantasie
Realität *f*	Wirklichkeit
Regisseur/Regisseurin *m/f*	jd., der Filmaufnahmen leitet
reich	viel Geld habend
rennen	schnell laufen
renovieren	z. B. eine Wohnung erneuern und reparieren
Rolle *f*	*hier:* Figur, die der Schauspieler verkörpert
romantisch	mit vielen Gefühlen
⚡ **rüber**	hinüber, auf die andere Seite; *hier:* in die Bundesrepublik
Rucksack *m*	Tasche, die man auf dem Rücken trägt
Ruhe *f*	ohne Lärm und Hektik
rutschen	langsam die Position verändern, sich bewegen
satt	nicht mehr hungrig
Schachtel *f*	kleine Kiste, kleiner Karton
etw. **schaffen**	etw. zu Ende, ans Ziel bringen
Schatten *m*	*hier:* Person, die man ohne Licht fast nicht sehen kann
schießen	*hier:* mit einer Pistole einen Schuss abgeben
schlimm	sehr schlecht
Schloss *n*	*hier:* Gegenstand mit einem Bügel, den man mit einem Schlüssel öffnen und schließen kann
Schminke *f*	Farben im Gesicht, Make-up
⚡ **Schneckentempo** *n*	sehr langsame Geschwindigkeit
schocken	erschrecken
Schreck *m*	Schock, Angst
schrecklich	sehr schlimm
schreien	laut rufen
schüchtern	scheu, unsicher
schwitzen	Schweiß absondern
Sicherheit *f*	Schutz vor Gefahr
sich **Sorgen machen**	Angst haben, unruhig sein
Spaß *m*	Freude, Vergnügen

sich **spiegeln**	als Spiegelbild erscheinen
Spielhalle *f*	Raum mit Spielautomaten mit Geldgewinnen
Sportartikel *m*	Kleidung oder Gerät für den Sport
sprachlos	überrascht und deshalb still
Stadtführer/ **Stadtführerin** *m/f*	*hier:* jd., der Touristen führt und informiert
Stadtplan *m*	Karte mit allen Straßen und Plätzen einer Stadt
etw. **stehlen**	etw. ohne Erlaubnis wegnehmen
steif	fest, unbeweglich
sterben	aufhören zu leben
still	ruhig
Stille *f*	Ruhe
Stirn *f*	Teil des Gesichts über den Augen
stören	nerven/unterbrechen
streicheln	über etw. streichen, sanft berühren
Stress *m*	Anspannung, seelischer Druck
Szene *f*	*hier:* Teil einer Handlung im Film
Tante *f*	Schwester der Mutter oder des Vaters
Taschendieb/ **Taschendiebin** *m/f*	jd., der Geld und Wertsachen stiehlt
Taschenlampe *f*	kleine Lampe, die man in die Tasche stecken kann
Theke *f*	Ort in einem Restaurant, wo Getränke vorbereitet werden
Ton *m*	alles, was man hört
Totenkopf *m*	Schädel eines Toten
trainieren	*hier:* Sport machen
Traum *m*	*hier:* unerfüllter Wunsch
träumen	der Fantasie folgen, Gedanken schweifen lassen/im Schlaf Bilder sehen
Überfall *m*	Raub, Angriff
überlegen	nachdenken, sich Gedanken machen
überrascht	verwundert
Ufer *n*	Bereich zwischen Wasser und Land
sich **umdrehen**	herumdrehen und nach hinten sehen/ Richtung wechseln, wenden
unangenehm	Gefühl, wenn man sich nicht wohlfühlt

Unfall *m*	Situation, bei der jd. verletzt oder getötet wird
unglaublich	*hier:* kaum zu glauben, unwahrscheinlich
Uniform *f*	Dienstkleidung
Unterlagen *pl*	Dokumente
unterwegs	*hier:* draußen, in den Straßen
jn. **verfolgen**	*hier:* hinter jm. hergehen, herfahren
Vergangenheit *f*	Zeit, die vorbei ist
sich **verkleiden**	durch Kleidung sein Aussehen verändern
verlegen	unsicher, schüchtern
sich (ineinander) **verlieben**	anfangen jn. zu lieben
verliebt	sehr starke Gefühle habend
jn./etw. **vermissen**	traurig sein, dass jd. oder etw. nicht da ist
verrückt	*hier:* dumm, nicht vernünftig
verschwinden	nicht mehr da sein
verstecken	verbergen, nicht zeigen
verwundert	über etwas Unerwartetes erstaunt
vorbei	zu Ende
an etw. **vorbeiführen**	neben etw. verlaufen, entlanggehen
etw. **vorbereiten**	etw. fertig, geeignet machen
sich **vorstellen**	*hier:* ein Bild im Kopf haben
Wachleute *pl*	Personen, die aufpassen
Wahrheit *f*	das Gegenteil von Lüge
weinen	Tränen vergießen
Weltkrieg *m*	Krieg mit vielen Ländern
werfen	durch die Luft fliegen lassen
Werkstatt *f*	Ort, an dem Handwerker arbeiten
Werkzeug *n*	Material für Handwerker, z. B. Hammer, Säge
wertvoll	von großem Wert
Wiese *f*	Fläche mit Gras
Ziel *n*	*hier:* Ort, zu dem man kommen will
Zufall *m*	etw., das ohne Plan passiert
zusammenzucken	vor Schreck eine kurze, schnelle Bewegung machen

Verzeichnis der Übungen